MONOGRAPHIE

DE

L'ÉGLISE SAINT-CLÉMENT

DE TOURS

PAR LÉON PALUSTRE

PRÉSIDENT DE LA SOCIÉTÉ ARCHÉOLOGIQUE DE TOURAINE

PRÉCÉDÉE D'UNE

NOTICE HISTORIQUE

PAR LÉON LHUILLIER

BIBLIOTHÉCAIRE DE LA MÊME SOCIÉTÉ

DESSINS PAR HENRY NODET

ARCHITECTE

TOURS

L. PÉRICAT

LIBRAIRE DE LA SOCIÉTÉ ARCHÉOLOGIQUE DE TOURAINE

41, rue de la Scellerie

MDCCCLXXXVII

OUVRAGES SUR LA PROVINCE DE TOURAINE

EN VENTE

A LA LIBRAIRIE L. PÉRICAT

A TOURS

Les Artistes tourangeaux, par le Dr GIRAUDET; 1 vol. grand in-8, 419 pages.   8 fr.

Tours archéologique, Histoire et Monuments, par M. Charles de GRANDMAISON, archiviste d'Indre-et-Loire; 10 gravures sur bois, 5 plans; petit in-8 broché.   4 fr.

Histoire du protestantisme en Touraine, par M. A. DUPIN DE SAINT-ANDRÉ; in-12.   3 fr.

Promenades pittoresques en Touraine, par Mgr CHEVALIER; 1 vol. grand in-8, broché, illustré d'un grand nombre de gravures sur bois.   20 fr.

Magnifique volume édité par la maison Mame.

Le Trésor de Trèves, par Léon PALUSTRE et X. BARBIER DE MONTAULT; in-4, broché, 30 planches en phototypie, par Albert Dujardin.   30 fr.

Dictionnaire géographique, historique et biographique d'Indre-et-Loire et de l'ancienne province de Touraine, par J.-X. CARRÉ DE BUSSEROLLE; 6 vol. in-8, broché, à 10 fr. le vol., pour les membres de la Société seulement. 60 fr.

S'adresser à M. Martin, trésorier, et à M. Péricat, libraire.

Histoire de la ville de Loches, par M. l'abbé E. HAT; un vol. petit in-12.   2 fr. 50

Registres des comptes municipaux de Tours, de 1358 à 1462, publiés par M. J. DELAVILLE LE ROULX. Cette série, correspondant au gouvernement des Élus, contient de nombreux détails sur l'administration municipale, sur l'histoire de la guerre de Cent ans, sur les arts, etc. Elle formera environ huit volumes in-8, avec tables et éclaircissements.

En vente, tomes I et II; chaque.   15 fr.

Les membres de la Société qui souscrivent pour l'ensemble de l'ouvrage jouissent d'une réduction de prix de 2 fr. par volume.

Origines de l'imprimerie à Tours, avec nomenclature des imprimeurs depuis la fin du XVe siècle jusqu'en 1850; 1 vol. jésus, papier Hollande, 1881.   10 fr.

MÉMOIRES

DE LA

SOCIÉTÉ ARCHÉOLOGIQUE DE TOURAINE

Série in-quarto

TOME II

TOURS. — IMPRIMERIE ROUILLÉ-LADEVÈZE, DESLIS FRÈRES, SUCCESSEURS

6, RUE GAMBETTA, 6

MONOGRAPHIE

DE

L'ÉGLISE SAINT-CLÉMENT

DE TOURS

Par Léon PALUSTRE

PRÉSIDENT DE LA SOCIÉTÉ ARCHÉOLOGIQUE DE TOURAINE

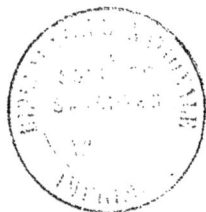

PRÉCÉDÉE D'UNE

NOTICE HISTORIQUE

Par Léon LHUILLIER

BIBLIOTHÉCAIRE DE LA MÊME SOCIÉTÉ

DESSINS par Henry NODET

ARCHITECTE

TOURS

L. PÉRICAT

LIBRAIRE DE LA SOCIÉTÉ ARCHÉOLOGIQUE DE TOURAINE

41, rue de la Scellerie

MDCCCLXXXVII

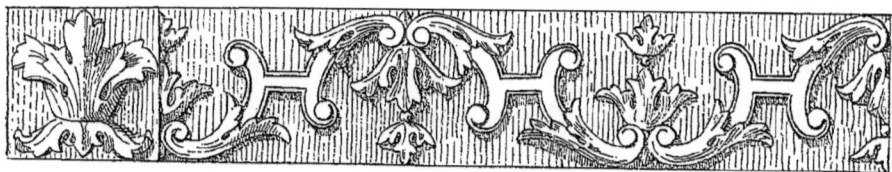

AVANT-PROPOS

Les grandes églises ne sont pas seules dignes d'attention. On peut même dire que, vu le temps mis à les construire et les différences de style résultant de reprises souvent exécutées à des dates fort éloignées les unes des autres, elles peuvent moins que les petites donner idée du talent d'un architecte et montrer ce que l'on savait faire à telle ou telle époque. L'exiguité des ressources et les conditions défavorables dans lesquelles il fallait souvent opérer, ne laissent pas non plus, en certains cas, de faire naître des combinaisons nouvelles, et, à défaut de richesse, toutes les parties d'un édifice présentent une décoration qui satisfait la vue en même temps que l'esprit.

Néanmoins ces considérations, bien que le sujet fût des plus intéressants à traiter, n'eussent pas suffi à nous faire entreprendre la monographie de Saint-Clément. Tant d'autres monuments dans la ville de Tours attendent encore la solution des problèmes posés par leurs transformations successives que, peut-être, celui-là se fût vu négliger indéfiniment, si la municipalité de 1883 mettant à exécution des projets arrêtés en 1864, il n'eût paru nécessaire d'agir sans retard. Les planches que nous publions conservent seules aujourd'hui le souvenir d'un édifice dont plusieurs parties étaient célèbres. Tous les étrangers, avec raison, demandaient à voir le portail nord que différents recueils leur avaient appris à connaître [1]. Quant à la tribune, elle présentait l'un des plus anciens spécimens de la Renaissance en Touraine, et, à ce titre, sa place était marquée dans l'histoire de l'art.

On trouvera peut-être étonnant que la Société archéologique n'ait pas protesté contre une démolition à tous points de vue si fâcheuse. Mais avant de lui adresser des reproches à ce sujet, il faut songer que depuis plusieurs années la question était malheureusement tranchée d'une manière définitive. Dans le but de bien montrer ses intentions, l'administration de 1866 [2] avait laissé inachevé un pavillon, du côté nord. C'était là une menace qui tôt ou tard produirait ses effets. La Société qui n'avait rien obtenu au début, lorsque la construction des *Marchés couverts* était encore à l'état de projet [3], pouvait-elle espérer de réussir après l'achèvement de la majeure partie des travaux! Assurément non, et, dans la circonstance, sa dignité lui faisait un devoir de ne pas tenter des démarches inutiles.

Jusqu'ici, sur la foi de Guy Bretonneau, la construction de l'église Saint-Clément a été attribuée à la générosité de Jean Briçonnet, premier maire de Tours [4]. Mais cette assertion est démentie par les documents aussi bien que par l'examen du monument lui-même. Les nombreux écussons figurés sur les portes et aux voûtes rappelaient non les bienfaits de telle ou telle personne, mais sous quel maire telle ou telle partie de l'édifice avait été achevée.

---

[1] Le *Magasin pittoresque*, notamment, en a donné une bonne gravure en 1866 (T. XXXIV, p. 225.
[2] Elle avait alors à sa tête MM. Ernest Mame, Richard, Magaud-Viot et Louis Auvray.
[3] *Mém. Soc. Arch., Tour.* T. I, pp. 141-146.
[4] *Histoire généalogique de la maison des Briçonnets*, in-4. 1620.

C'est un fait qui sera démontré plus loin, et son importance ets d'autant plus grande qu'il constitue à lui seul un précieux élément de chronologie.

Les écussons nous ont encore révélé le nom de l'architecte, Jean Gaudin, qui, jusqu'à présent, n'était connu que par quelques réparations aux fortifications de la ville. Désormais rien ne sera plus facile que de s'appuyer sur une base solide pour reconstituer l'œuvre d'un maître dont l'habileté a dû être mise souvent à contribution de son temps. Quant aux différents sculpteurs qui au xvᵉ et au xviᵉ siècle ont travaillé à Saint-Clément, on ne peut que former des suppositions à leur endroit. Certains rapprochements, d'une part, et, de l'autre, des déductions que quelques-uns trouveront peut-être bien subtiles, sont les seuls moyens de renseignement qui soient à notre disposition.

La description, même minutieuse, d'un monument ne peut suffire : il faut encore y ajouter tous les renseignements fournis par l'histoire. A notre sollicitation, M. Léon Lhuillier a bien voulu se charger de ce soin, et l'on ne lira pas sans un grand intérêt les trois chapitres consacrés aux différents états de Saint-Clément. Ses recherches ont élucidé plusieurs points obscurs, et nous savons maintenant à quoi nous en tenir, tant sur l'aumônerie de Saint-Martin et le prétendu patronage des Briçonnet, que sur le rôle joué par la ville de Tours dans l'acquisition d'une ancienne église paroissiale.

Il ne faut pas oublier non plus le désintéressement avec lequel M. H. Nodet, jeune architecte de talent, a accepté la lourde tâche de relever jusqu'aux moindres détails de Saint-Clément. Grâce à lui la monographie que nous rêvions est devenue possible. A côté de planches reproduisant en phototypie le monument tel que nous l'avons connu dans les derniers temps, s'en trouvent d'autres où les parties disparues reprennent leur place. Ce travail de restitution, très remarquable, eût pu servir de guide, si, faisant droit à de justes réclamations, l'administration se fût décidée à restaurer au lieu de démolir. La chose, en réalité, offrait d'autant moins de difficultés qu'en dépit de l'abaissement du sol et du déchaussement des fondations, nulle fissure ne s'était produite dans la construction. Seule l'ornementation, surtout à l'extérieur, n'avait pu résister aux changements de destination et à l'abandon qui en est devenu la conséquence; mais, avec de faibles ressources, tout l'édifice eût pu, et pour longtemps, reprendre sa physionomie des premiers jours.

NOTICE HISTORIQUE

CHAPITRE I

L'HOSPICE SAINT-CLÉMENT

L'ÉGLISE Saint-Clément ne se trouve pas mentionnée dans nos
Annales avant la seconde moitié du IXᵉ siècle. Un diplôme de Charles
le Chauve, du 22 août 854, cite parmi les possessions de Saint-Martin
la *cella sancti Clementis*, sans indiquer d'une autre manière quelle
en était la destination [1]. Nous apprenons seulement, par un titre
du 22 mai 899, que cette celle était depuis de longues années
l'hospice des pauvres, *hospitale pauperum* [2].

Mais, si l'hospice des pauvres existait depuis de longues années,
le 22 mai 899, nous pouvons nous demander s'il ne remontait pas

---

[1] Dom Bouquet, *Recueil des Historiens de France*, t. VIII, p. 537 : « Cellæ quoque vel villæ
crebro dictæ Ecclesiæ beati Martini pertinentes, quarum sunt nomina, id est... *Sancti Clemen-*
tis.... » Cfr. *Mémoires de la Société archéologique de Touraine*, t. XVII, p. 413. Ce volume contient
la *Pancarte noire de Saint-Martin de Tours*, brûlée en 1793 et restituée, d'après les textes
imprimés et manuscrits, par E. Mabille. Les chartes qui composent la Pancarte sont analysées
avec beaucoup de détails et numérotées en chiffres romains; à la suite se trouve l'in-
dex chronologique des chartes et diplômes de Saint-Martin antérieurs à l'année 1131, dont
les numéros sont en chiffres arabes; sous le bénéfice de ces observations, nous nous conten-
terons désormais de renvoyer à la *Pancarte noire*, avec le n° du diplôme dans l'une ou
l'autre énumération, suivant les cas.

[2] E. Mabille, *Les Invasions normandes dans la Loire et les pérégrinations du corps de saint*
Martin. Paris, Henaux, 1869, pp. 62-63 : « Res omnes... per multorum præteritorum temporum
curricula... ad hospitale pauperum pertinentes. » Cfr. *Panc. noire*, n° 105.

au temps de saint Grégoire : recherchons donc, dans les écrits de cet historien, la manière dont les pauvres étaient alors secourus, et les pèlerins reçus dans le monastère construit auprès du tombeau de saint Martin.

Le *Traité des miracles* nous parle précisément d'une institution nommée *matricula*, où les indigents obtiennent chaque jour ce qui leur est nécessaire, grâce aux ressources provenant des aumônes des fidèles qui visitent en foule la basilique [1].

Les textes législatifs que nous rencontrons en si grand nombre sur ce sujet dans le code Justinien, nous montrent avec quel zèle les chrétiens des premiers siècles pensèrent à soulager l'humanité souffrante et à charger l'Église de ce soin en la comblant de richesses. Le droit romain n'admettait pas, en effet, les testaments en faveur de personnes incertaines : or les pauvres, les captifs ou les pèlerins étaient justement des personnes incertaines, et les legs à leur profit se trouvaient nuls de plein droit. Mais l'influence du christianisme, tout en laissant subsister le principe jusque dans le dernier état de la législation romaine, fit admettre de bonne heure des exceptions de plus en plus nombreuses à ce principe à l'égard des legs pieux, et, sous les empereurs Valentinien et Marcien (450-455), nous lisons un texte formel qui permet d'instituer les pauvres comme héritiers [2].

D'un autre côté, les évêques étaient tenus, dans chaque diocèse, de distribuer à ces derniers une part des revenus affectés à leur

[1] Gregor. Turon., *De Miraculis S. Martini*, lib. I, cap. 31 : Cum ad *matriculam* illam, quam sanctus suo beneficio de devotorum eleemosynis pascit, quotidie a fidelibus necessaria tribuantur... »

[2] *Cod. Justin.*, lib. I, tit. 3, c. 24 : « Id., quod pauperibus testamento vel codicillis relinquitur, non ut incertis personis relictum evanescat, sed omnibus modis ratum firmumque consistat. » Cfr. eod. tit., c. 28, 46, 49.

église; des conciles fixèrent cette part au quart, et cette règle fut longtemps observée en France. Des établissements analogues à la *matricula* de Saint-Martin furent donc créés auprès des principales églises et abbayes, et les aumônes affluèrent de tous côtés en faveur des nécessiteux [1].

La *matricula* est, à proprement parler, un registre sur lequel sont inscrits les pauvres admis à recevoir des secours [2]. Ceux-ci sont appelés *matricularii*, du nom du registre, et on les distingue des autres pauvres [3] : l'inscription est donc soumise à certaines conditions d'indigence, d'infirmités ou de domicile. Chaque jour [4], le matin [5] ou à la sixième heure [6], il se fait, sous la présidence des aumôniers [7], une distribution de pièces d'argent [8], de pain, de vin [9] ou de viande [10], pour subvenir aux besoins les plus pressants de malheureux vieillards, d'infirmes incapables de tout travail, de veuves ou d'orphelins sans ressources.

---

[1] *Canones Apostolorum*, § 40 : « Præcipimus, ut episcopus res ecclesiæ in potestate habeat...; oportuerit... ut illius arbitratu dispensentur... summaque sollicitudine per presbyteros ac diaconos erogentur in pauperes. Percipiat autem... quantum ad necessarios... hospitio exceptorum fratrum usus opus habet. » Cfr. *Encyclopédie méthodique*, section de *Jurisprudence*, V° *Fabrique*.

[2] Pardessus, *Diplomata*, t. I, p. 81 : Testam. S. Remigii : « Pauperibus duodecim *in matricula positis...* » Cfr., sur ce point et les suivants, Ducange, *Glossarium*, V° *Matricula*.

[3] Gregor. Tur., *Hist. Fr.*, lib. VII, cap. 29 : « Nonnulli etiam *matriculariorum* et *reliquorum* pauperum. »

[4] Greg. Tur., *De Mirac. S. Martini*, I, 31 : « *Quotidie* a fidelibus necessaria tribuantur. »

[5] Greg. Tur., *De Mirac. S. Juliani*, cap. 37 : « *Mane* pauperibus, qui ad Matriculam illam erant, cibum potumque protulit. »

[6] Greg. Tur., *De Mirac. S. Martini*, I, 31 : « Convenientes autem pauperes *ad sextam.* »

[7] Greg. Tur., *De Mirac. S. Mart.*, II, 8 : « Cæcus quidam ab *eleemosynariis* postulans stipem. »

[8] *Test. S. Remigii* : « Pauperibus exspectantibus stipem, duo *solidi* unde se reficiant. »

[9] *Mirac. S. Juliani*, 37 : « Pauperibus... *cibum potumque* protulit. »

[10] *Mém. Soc. Arch. Touraine*, série in-4°, t. I, p. 60 : des veaux, bœufs, porcs, poulets étaient « amenés jusqu'au pied de l'autel, pour être offerts au Seigneur dans la personne des pauvres immatriculés. »

Les indigents se tiennent ordinairement devant les portes de l'église pendant les offices, et les fidèles en sortant leur donnent l'aumône [1]. N'est-ce pas ce qui se passe encore maintenant à l'issue de nos offices religieux, et surtout les jours de dimanches et de fêtes? N'est-ce pas ce qui se passe aux services célébrés pour les membres défunts de familles riches, où les pauvres inscrits sur le registre du bureau de bienfaisance se placent, pendant l'office, sous le porche de l'église, et vont ensuite, chacun à l'appel de son nom, recevoir le pain que la famille fait distribuer? De nos jours comme du temps de saint Grégoire, ne voit-on pas d'autres pauvres que les pauvres inscrits se glisser parmi ces derniers et chercher à obtenir, une fois la distribution ordinaire terminée, une part des quelques pains commandés en plus?

La basilique de Saint-Martin se prêtait à merveille à cette institution. Elle était précédée d'un *atrium*, sorte de cour carrée, autour de laquelle régnaient des galeries couvertes [2] : nous y voyons précisément pulluler un grand nombre de mendiants, d'infirmes couchés sur des lits ou de petits chariots, d'esclaves fugitifs et même de paresseux ; les offices terminés, toute cette foule houleuse se répandait à travers la ville et laissait un gardien chargé de recueillir les offrandes des pèlerins et d'en rendre compte ensuite [3].

Les aumôniers qui distribuaient les secours journaliers aux pauvres inscrits sur la *matricula* se tenaient donc à proximité de

---

[1] *Test. S. Remigii :* « Pauperibus 12 in Matricula positis *ante fores ecclesiæ* exspectantibus stipem... » *Gesta Regum Franc.,* c. 11, dans Dom Bouquet, *Recueil des Hist. de Fr.,* t. II, p. 548 : « *Ante ecclesiæ matriculam* in medio pauperum consedit. »

[2] J. Quicherat, *Restitution de la basilique de Saint-Martin de Tours,* Paris, Didier, 1869, p. 39 (Extrait de la *Revue archéologique,* 1869).

[3] *Mirac. S. Martini,* I, 31 : « Consuetudinem benedicti pauperes habent, ut cum multi ex his *per loca* discesserint, custodem inibi derelinquant, qui quod fuerit oblatum accipiat. » Cfr. *Mém. Soc. Arch. Tour.,* in-4°, t. I, p. 60.

l'*atrium*, vraisemblablement dans une des cellules qui l'entouraient, et cette salle reçut, par extension, le nom de *matricula;* puis cette désignation passa de l'édifice à l'institution elle-même.

Telle était la manière dont se pratiquait l'aumône du temps de Grégoire de Tours : ses écrits nous indiquent également comment s'exerçait l'hospitalité à l'égard de ceux qui se rendaient en pèlerinage au tombeau de saint Martin.

Il en arrivait, en effet, de tous les côtés ; quelques-uns restaient, des semaines et des mois, prosternés à la porte du saint temple en attendant leur guérison [1] ; les plus pauvres n'avaient pour nourriture que ce que leur donnait la charité des passants [2], et pour asile que celui que leur offrait la compassion des âmes pieuses [3]. Cependant une femme, qui était accourue de l'Auvergne avec son mari pour implorer le saint, trouva son logement dans une des cellules de l'*atrium* [4] ; quant aux personnages de distinction, comme Ebrulfe, ils pouvaient même être admis dans le *salutatorium*, salle d'attente à l'usage de l'évêque lorsqu'il venait officier ; parfois aussi ces personnages avaient à leur service de nombreux domestiques qui étaient installés également dans les dépendances de l'abbaye [5].

Les clercs qui desservaient la basilique mangeaient en com-

---

[1] *Mirac. S. Mart.*, II, 10 : « Quæ *singulis diebus ad sancti confessoris limina jacens prostrata* opem sanitatis poscebat... » 13 : « Qui *duobus assidue mensibus* ad ejus templum deserviens in jejuniis, orationibusque perdurabat... » 14 : « Ante pedes beati Martini devotus exposuit, ibique *tribus mensibus jacens...* » Cfr. *Mirac. S. Juliani*, 9.

[2] *Mirac. S. Mart.*, II, 8 : « Cæcus quidam ab eleemosynariis postulans stipem, cui non erat aliud in victu, nisi aliquis ei mànum porrexisset *pietatis intuitu...* » 14 : « Ibique tribus mensibus jacens, stipem a *prætereuntibus* postulabat. »

[3] *Eod. op.*, II, 8 : « Cæcus quidam... cui...nec erat *domi præsidium nisi miseratio devotorum...* »

[4] *Eod. op.*, II, 10 : « Mulier quædam ex Arverno veniens cum viro suo..., profluvio sanguinis ægrotabat, *secus autem atrium basilicæ mansionem habebat.* »

[5] Greg. Tur., *Hist. Fr.*, VII, 22 : « Habebat enim pro timore Regis *in ipso salutatorio* beatæ basilicæ mansionem. » Cfr. Quicherat, *op. cit.*, p. 22.

mun; à leur table prenaient alors place les hôtes de la maison et, à certains jours, des citoyens de la ville que l'on invitait[1].

A Saint-Martin, l'hospitalité n'était donc exercée qu'à titre exceptionnel et dans les locaux ordinaires du monastère; par suite, il n'y avait pas d'établissement spécial pour recevoir en général les pèlerins, mais la *matricula* pratiquait l'aumône dans une large mesure.

Cette conclusion nous démontre qu'au commencement du viie siècle l'hospice Saint-Clément n'était pas encore fondé : l'institution existait seulement en germe à la *matricula* et dans les dépendances de la basilique. Au point de vue topographique, l'emplacement de Saint-Clément se trouvait à l'ouest et à quelque distance de l'*atrium* où se tenaient les pauvres [2].

Mais, peu à peu, la *matricula* fut comblée de richesses, et ses revenus tentèrent les courtisans des abbés. Vers l'an 738, nous la voyons possédée en bénéfice par une créature de l'abbé Teutsind, abbé de Saint-Martin et de Fontenelle, qui mit ce dernier monastère en coupe réglée. Le *Chronicon Fontanellense* nous fait connaître ses odieuses dilapidations, et nous ne pensons pas que les biens de Saint-Martin aient été beaucoup plus épargnés [3].

---

[1] Greg. Tur., *Hist. Fr.*, VII, 29 : « Ad *convivium* basilicæ sanctæ cum eodem et reliquis civibus est adscitus. » Cfr. Quicherat, *op. cit.*, p. 38.

[2] Quicherat, *op. cit.*, pp. 43-44, suppose la Matricule au sud-est de la Basilique. Il s'appuie, pour cela, sur le texte de la *Chronique* de Tours ; mais la *Chronique* de Tours est beaucoup plus récente que l'époque qui nous occupe, et nous verrons plus loin comment la Matricule a été transportée de l'*atrium* derrière le chevet de la basilique. Cfr. le plan des dépendances de l'église de Saint-Martin (en tête de l'ouvrage cité de Quicherat) et le plan que nous donnons dans ce volume.

[3] *Chronicon Fontanellense* (dans d'Achéry, *Spicilegium*, t. III, p. 226), cap. 14 : « Windolaicus... camerarius Teutsindi quondam Abbatis ejusque sub cura educatus est. Hic *Matriculam B. Martini* Turonensis in beneficii jure, Teutsindo hæc eadem largiente, aliquandiu post obitum illius tenuit. » Cfr. cap. 9 : « Teutsindus Pater cænobii S. Martini Turonensis... »

Que ces abus l'aient ou non provoqué, toujours est-il qu'en 785, la donation du chanoine Gulfard mentionne pour la première fois un hospice à Saint-Martin [1]. En 806, une bulle de Léon III qualifie cet hospice de *Hospitale nobilium atque pauperum* [2], et le testament d'Haganon, en 818, le nomme seulement *Hospitale*, comme l'avait fait le chanoine Gulfard [3].

Cette institution hospitalière avait donc devancé les dispositions adoptées en 816 par le concile d'Aix-la-Chapelle. Il est, en effet, ordonné à chaque monastère d'avoir auprès de l'église un endroit pour recevoir les pauvres; car, dit Thomassin, avec peu de ressources, on les nourrit plus facilement quand ils sont réunis dans un seul endroit, que s'il faut subvenir à chacun en particulier [4].

Monsnyer nous apprend que cet hospice était à droite de l'entrée de la basilique de Saint-Martin, sur l'emplacement où fut

---

Son successeur à l'abbaye de Fontenelle fut nommé en 738 (*Eod. op.*, p. 215) : c'est donc vers cette époque que la matricule fut tenue en bénéfice par le chambrier de Teutsind, puisque ce fut après la mort de cet abbé. Monsnyer, dans son *Histoire de la collégiale de Saint-Martin*, ne donne point le nom de l'abbé Teutsind (*Celeberrimæ sancti Martini Turonensis Ecclesiæ Historia*, en partie manuscrite, Bibl. de Tours, n°⁵ 1294 et 1295, t. I, p. 38).

[1] Marten., *Thesaurus anecd.*, t. I, p. 69 : testament de Gulfard, du 22 juin 785 ; « Ea ratione ut annuatim in die obitus mei dare studeant... *in isto hospitali* modium unum vini. » Cfr. *Panc. N.*, n° XXXVII.

[2] Monsnyer, *op. cit.*, p. 136 : bulle de Léon III, du 9 avril 806 ; « Et ut decimæ et nonæ... *hospitali eorum nobilium atque pauperum* integerrime reddantur. » Cette bulle fut donnée à la prière de Gulfard, abbé de Saint-Martin, celui sans doute qui est mentionné dans le titre de 785, cité à la note précédente. Cfr. *Panc. N.*, n° I.

[3] Marten., *op. cit.*, t. I, p. 20 : testament d'Haganon, du 1ᵉʳ juin 818 : « Ergo censuimus ex supradictis rebus pro redemptione animarum nostrarum... annis singulis, in die vigiliarum sancti Petri... ad illos pulsantes, inter panem et vinum modium unum, et ad *illud hospitale* similiter... » Cfr. *Panc. N.*, n° XXXVI.

[4] Thomassin, *Discipline de l'Eglise*, I, p. 518 : « Juxta ecclesiam... sit *hospitale pauperum*. » Tout le chapitre de Thomassin traite de l'histoire et de la jurisprudence canonique des hospices, autrement dits *Xenodochia*. Déjà Alcuin, dans une de ses lettres, et Charlemagne dans un capitulaire, recommandaient d'établir des « hospitalia, in quibus fit quotidiana pauperum et peregrinorum susceptio. » Cfr. Ducange, *Glossarium*, v° *Hospitale*.

bâti plus tard l'oratoire Saint-Jacques, et près de l'Aumônerie où habitaient encore de son temps les aumôniers : une chapelle dédiée à saint André était érigée à côté, de façon à pouvoir administrer les sacrements aux malades et aux infirmes, et à enterrer ceux qui mouraient dans le cimetière contigu à l'hospice [1]. Telle était, au milieu du IXe siècle, la situation topographique de l'établissement destiné à recueillir les pauvres.

Mais il n'était affecté qu'aux hommes [2] : les femmes, selon Monsnyer, étaient admises à la *Matricule* [3], qui, à cette époque, s'était confondue avec un monastère fondé en 590 par Ingeltrude.

Cette confusion n'a rien qui puisse nous surprendre, puisque la *Matricule*, à l'époque de saint Grégoire, devait occuper, comme nous l'avons vu, une des cellules qui entouraient l'*atrium* de la basilique. D'un autre côté, notre historien nous apprend que, sous le règne du roi Gontran, Ingeltrude établit un monastère de femmes *in atrio sancti Martini* [4] : il est donc tout à fait admissible de penser que les

---

[1] Monsnyer, *op. cit.*, pp. 134-135 : « Remansit hospitium seu Xenodochium pauperum, in quo postea constructum fuit oratorium Deo sub honore et invocatione sancti Jacobi apostoli... versus occidentem a parte dextra intrantium sanctam basilicam ; ædes ædificatæ et assignatæ sunt *juxta dictum Xenodochium, in quibus etiamnum suum habent domicilium* (eleemosynarii); » pp. 135-136 : « De oratorio seu sacello S. Andreæ : notamus sacellum istud et regione antiquissimi Xenodochii nostri peregrinorum pauperum... ideo fuisse constructum, ut ex eo infirmis, et lecto decumbentibus sacramenta ministrarentur, et in cœmeterio ipsi contiguo morientium corpora sepelirentur et humarentur. »

[2] *Eod. loco* : « De oratorio seu sacello S. Andreæ Apostoli in claustro Matricis ecclesiæ sancti Martini Turonensis, sito e regione Xenodochii ad excipiendos peregrinos pauperes *viros* olim instituti. »

[3] *Eod op.*, p. 205 : « Iste locus, qui erat his temporibus *hospitale pauperum feminarum* et vocabatur *Matricula* sancti Martini. » — Cette disposition était encore conforme aux canons du concile de 816; cfr. Thomassin, *loc. cit.*, p. 518 : « Sepositum in ipso monasterio locum ubi *viduæ et pauperculæ feminæ* alantur. »

[4] Greg. Tur., *Hist. Fr.*, lib. IX, c. 33 : « His diebus, Ingeltrudis, quæ monasterium *in atrio Sancti Martini statuerat...* » lib. X, c. 12 : « Ingeltrudis vero religiosa, quæ *in atrio sancti Martini* puellarum monasterium conlocavit. » C'est donc par erreur que tous les annotateurs de Grégoire de Tours assimilent ce monastère à N.-D.-de-l'Écrignole, qui se trouvait der-

religieuses de ce petit monastère pratiquassent l'aumône et l'hospitalité envers les femmes pauvres ou nobles, qui venaient, de bien loin, en pèlerinage au saint Tombeau et qui se tenaient sous les portiques de l'*atrium*.

Quand, dans la suite des temps, la Matricule fut donnée en précaire et qu'un hospice spécial pour les hommes fut créé, le bénéficiaire de la Matricule trouva sans doute plus simple de n'accorder désormais ses secours qu'aux femmes, et de charger de ce soin les religieuses d'Ingeltrude en leur attribuant une subvention plus ou moins large : telle doit être la manière dont les deux institutions, distinctes à l'origine, finirent par s'assimiler vers le commencement du ixᵉ siècle.

En subissant cette transformation, la Matricule abandonna-t-elle l'*atrium* de la basilique pour se réfugier derrière le chevet? Aucun texte ne nous donne de réponse à la question; mais ce qu'on peut affirmer, c'est qu'au milieu du ixᵉ siècle, la Matricule n'était point réunie à un établissement qui l'absorbera plus tard, nous voulons parler de Notre-Dame-de-l'Ecrignole [1].

Nous trouvons, en effet, en 849, un monastère situé non loin et sous la domination complète de Saint-Martin. Élevé en l'honneur de la sainte Vierge, de saint Denis, le glorieux martyr, et de plusieurs autres saints, il fut fondé et construit pour donner la sépulture

---

rière le chevet et non dans l'*atrium* de la basilique, c'est-à-dire du côté directement opposé. Quicherat (*op. cit.*, p. 40) a parfaitement rectifié la chose et donne un plan à l'appui. Cfr. Monsnyer, *op. cit.*, pp. 135 et 205 ; Mabille, *Notice sur les divisions territoriales de l'ancienne province de Touraine* (Paris, Hénaux, 1866), p. 118.

[1] Un diplôme de 854, confirmant les biens de Saint-Martin, mentionne, en même temps et comme établissements distincts, la *Matricula* et N.-D.-de-l'Ecrignole : nous reviendrons plus loin sur ce sujet. Cfr. Mabille, *Div. territ*, p. 124.

aux pauvres, et les aumônes ne lui manquent pas pour subvenir à ses besoins [1].

Était-ce une succursale de l'hospice Saint-André? Nous ne saurions l'affirmer; mais il est vraisemblable que les pauvres affluèrent à ce dernier établissement. Or, quand la population d'un hospice augmente, il devient nécessaire de séparer ceux qui sont atteints d'affections graves et mortelles des simples infirmes ou vieillards : tels peuvent être les motifs de la fondation du monastère de Notre-Dame, situé à quelque distance de Saint-André et sur un emplacement relativement plus vaste.

La basilique de Saint-Martin, qui suscitait ces institutions charitables, était alors la plus riche de toutes les églises de France, et elle se faisait un point d'honneur de ne le céder à aucune pour l'hospitalité et les autres bonnes œuvres. Aussi, non contente d'avoir un hospice commun pour recevoir les pèlerins pauvres et infirmes, s'empressa-t-elle d'en construire un second pour les nobles, à quelques pas à l'ouest du premier, à l'endroit où sera plus tard l'église Saint-Clément [2].

[1] D. Bouquet, *Recueil des Hist. Fr.*, t. VIII, p. 499-500 : diplôme de Charles le Chauve, du 13 mars 849 : « Basilicæ non longe a monasterio sacratissimi patris Martini, *sub honore sanctæ Dei Genitricis Mariæ*, et sanctorum apostolorum Petri et Pauli, Joannis quoque Baptistæ et sancti Donysii Martyris... et *ad sepulturam pauperum* fundatæ.» Cfr. Marten., *Thes. anecd.* t. I, p. 116; *Panc. N.*, n° XXXIII. — Le nom de l'Ecrignole, sous lequel fut connu le monastère et ensuite la paroisse de N.-D., n'apparaît qu'en 919; nous dirons plus loin pourquoi. La chronique de Pierre Béchin, la grande et la petite *Chronique de Tours* (André Salmon, *Recueil de Chroniques de Touraine*, in-8°, Paris, Dumoulin, 1854, pp. 20, 80 et 173) placent dans le second quart du VI° siècle (en 524, 537 ou 538) la dédicace de l'église N.-D.-de-l'Ecrignole et lui attribuent une possession de 700 manses dès cette époque. Ne devrait-on pas voir là le monastère de sainte Monégonde, qui mourut en 570 et pouvait avoir fondé depuis longtemps l'abbaye où elle fut enterrée ? Cfr. Mabille, *Divisions territoriales*, pp. 118 et 128 ; Quicherat, *op. cit.*, pp. 38 et 41.

[2] Monsnyer, *op. cit.*, p. 134-135 : « Unde sancta basilica..., cum tam nulli alteri Gallicanarum Ecclesiarum cederet in bonis, nulli etiam cedere voluit in hospitalitate et aliis miseri-

Ces maisons hospitalières étaient en pleine prospérité au milieu du IXᵉ siècle, quand une invasion terrible vint couvrir la Touraine de ruines. Le 8 novembre 853, les Normands arrivent à Tours et ravagent complètement le monastère de Saint-Martin et les nombreuses églises placées autour[1] ; ils brûlent les titres de propriété qu'ils rencontrent, et les chanoines, après leur départ, doivent supplier Charles le Chauve de renouveler ces titres : tel est précisément l'objet du diplôme du 8 novembre 854, confirmé par celui du 17 novembre 857[2].

Ce diplôme est bien précieux pour nous, parce qu'il énumère tous les établissements religieux qui se trouvaient auprès de Saint-Martin avant l'arrivée des Normands : il est, pour ainsi dire, le procès-verbal de constat de l'état des lieux avant le pillage, mais dressé après, afin de remplacer le plus tôt possible les titres disparus, sans laisser perdre les traces et le souvenir de la possession.

cordiæ operibus bonis. Quare non xenodochio seu hospitio communi ad excipiendos plebeios peregrinos pauperes et infirmos contenta, *alterum pro nobilibus* etiam excipiendis et curandis, qui in morbum inciderent, ædificari curavit... Et in ejus loco ædificata capella sub invocatione *sancti Clementis*... quæ postmodum instituta in ecclesiam parochialem. » — Cette fondation n'est-elle point conforme aux décisions du concile d'Aix-la-Chapelle, qui veut à la porte de chaque monastère, *ad portam monasterii*, un établissement propre à recevoir les hôtes, *diversorium quo adventantes hospites excipiantur?* Notez que cet établissement doit être différent du *diversorium pauperum* qui se trouve *juxta ecclesiam.* Précisément, l'hospice Saint-André se trouve *juxta ecclesiam*, tandis que l'hospice Saint-Clément se trouve *ad portam monasterii* et en dehors. Cfr. Thomassin, *op. cit.,* t. I, p. 518. — L'usage de deux hospices distincts, l'un pour les nobles et l'autre pour les pauvres, se rencontre notamment à Nevers et à Saint-Médard de Soissons ; cfr. Ducange, *Gloss.,* Vᵒ *Hospitale* et *Pullatorium ;* test. (sup., p. 7, n. 3) d'Haganon : « ad illos pulsantes... »

[1] *Recueil des Hist. de Fr.*, VIII, p. 536. — Cfr., sur tout ce qui suit relativement aux Normands, Mabille, *Les Invasions normandes*, pp. 24 et s.

[2] *Recueil des Hist. de Fr.*, VIII, p. 537 : « Cellæ quoque vel villæ crebro dictæ ecclesiæ beati Martini pertinentes, quarum sunt nomina, id est sanctæ Mariæ in prædicto Monasterio, et Matricula ejusdem sancti, et sancti Stephani, ac sancti Andreæ, atque sanctæ Columbæ seu sancti Sulpitii necnon sancti Clementis... ». Cfr. *Panc. N.,* nᵒ LVII ; Marten. *Ampl. coll.,* t. I, p. 134; pour le diplôme de 857, cfr. *Panc. N.,* nᵒ VIII.

Nous voyons mentionnées en même temps et comme institutions distinctes : la celle de Notre-Dame dans le monastère de Saint-
Martin, la Matricule, la celle de Saint-André et la celle de Saint-Clément. Ce sont bien là les quatre hospices que nous avons rencontrés
jusqu'ici, et, s'ils n'étaient pas éloignés les uns des autres, aucun ne
se confondait avec son voisin en 854.

Cependant les édifices étaient dans le plus triste état, et les Normands menaçaient toujours la Touraine de nouvelles invasions. Ils y
reparurent, en effet, dès l'année 856, et commirent de nouveaux
ravages : les chanoines de Saint-Martin avaient fui à Léré en Berri
et y avaient transporté le corps de leur patron. Cependant, en 857,
comme les barbares avaient redescendu la Loire et abandonné la
Touraine au printemps, les chanoines revinrent aussitôt dans leur
abbaye, firent confirmer, comme nous l'avons vu, le diplôme de
854, et se mirent à réparer les ruines qu'ils avaient à déplorer.

De si grands désastres attirèrent de généreuses offrandes de la
part de Charles le Chauve; mais la société avait été tellement troublée par ces invasions, que les plus audacieux avaient profité de la
panique pour s'emparer des biens du monastère et le réduire à la
plus grande pénurie [1].

D'un autre côté, ces troubles mêmes et un certain refroidisse-
ment dans les habitudes religieuses avaient fait diminuer considérablement le nombre des pèlerins, surtout parmi la noblesse [2]. Dans
ces conditions, les chanoines pensèrent à réparer seulement ceux de

---

[1] *Rec. Hist. Fr.*, VIII, p. 572 : « Ob negligentiam Abbatum, cupiditatemque malorum homi-
num, nec non etiam sœvitiam paganorum, maxima ex parte ferebant sibi subtractas (villas). »
Cfr. Marten., *Ampl. coll.*, I, p. 160 ; *Panc. N.*, n⁰ˢ XIV et CXXXV.

[2] Monsnyer, *op. cit.*, pp. 134-135 : « Verum hospitio nobilium infirmorum *injuria tractuque
temporis percunte et deficiente, refrigescente nobilium peregrinorum pietate et devotione.* »

leurs hospices qui avaient le moins souffert, et à ne réinstaller que dans quelques établissements distincts les nombreux services que la Charité avait créés autour de la basilique.

Le monastère, dédié auparavant à Notre-Dame, fut choisi pour y placer la Matricule destinée à recevoir les femmes qui venaient en pèlerinage à Saint-Martin, et à secourir celles qui se trouvaient trop pauvres : aussi, depuis cette époque, les chroniqueurs disent-ils que la Matricule, le monastère d'Ingeltrude et Notre-Dame-de-l'Ecrignole sont une seule et même institution. Les trois fondations ont donc été successivement fondues ensemble, et cette fusion était accomplie dans la seconde moitié du ix° siècle [1].

Quant aux hommes, les chanoines s'adressèrent à Charles le Chauve pour obtenir de lui, contre la négligence de leurs abbés et la malignité de leurs ennemis, que l'hospice des nobles fut maintenu en même temps que celui des pauvres. L'empereur leur accorda le diplôme du 23 avril 862, leur fit rendre tous leurs biens, stipula que l'hospice des nobles serait rétabli, et énuméra tous les détails de sa dotation qu'il confirmait : en ce qui concerne l'hospice des pauvres dont l'existence n'était point menacée, il se contente d'ajouter qu'il sera régi comme par le passé, *hospitale vero pauperum antiqua constitutione permaneat* [2]. »

On reconstruisit donc la celle de Saint-Clément, précédemment destinée à l'usage spécial des nobles, et on y affecta les ressources

---

[1] *Chronicon Turonense Magnum* (Salmon, *Recueil des chroniques*, p. 117) : « Illud oratorium erat juxta Matriculam beati Martini, *scilicet ecclesiam Beatæ Mariæ de Scriniolo.* » Cfr. Monsnyer, *op. cit.*, pp. 135 et 205 ; Quicherat, *op. cit.*, p. 44 ; Mabille, *Div. Territ.*, pp. 118 et 124.

[2] *Recueil Hist. de Fr.*, VIII, p. 572 : « Statuimus atque ratum fore judicamus ut... nona pars ex omnibus frugibus... *hospitali reddatur integerrime nobilium ;* hospitale vero pauperum antiqua constitutione permaneat. » Cfr. *Panc. N.*, n° XIV ; Mabille, *Div. territ.*, p. 104.

alors disponibles. Mais les Normands menacèrent de nouveau la Touraine, et les chanoines de Saint-Martin se hâtèrent de transporter le corps de leur patron à Léré, puis à Chablis, où ils obtinrent l'autorisation, en 867, de construire un monastère de refuge; ce n'est que vers 878 qu'ils pensèrent à réparer la basilique de Tours [1].

Ces désastres continuels ne permirent pas aux chanoines de restaurer complètement toutes les celles qui entouraient leur abbaye : aussi voyons-nous, en 882, l'hospice des pauvres réuni à l'hospice des nobles et leurs dotations confondues. Les diplômes contiennent tous désormais l'expression « *hospitale nobilium atque pauperum* » pour désigner le seul et unique hospice, et les ressources que nous voyons indiquées séparément en 862 sont attribuées ensemble et indistinctement à cet établissement [2]. La celle de Saint-Clément, qui avait sans doute été réparée la première pour répondre aux vues du diplôme de 862, fut choisie pour y installer l'*hospitale nobilium atque pauperum*, mais fut affectée en réalité plutôt aux pauvres qu'aux nobles, qui, nous l'avons vu, ne venaient plus en pèlerinage.

Cependant, sous l'administration de l'abbé Eudes [3], cette celle de Saint-Clément fut, sans le consentement de personne, donnée en bénéfice avec toutes ses dépendances, et l'hospitalité envers les pauvres et les pèlerins devint lettre morte par la négli-

---

[1] Mabille, *Invas. norm.*, pp. 28-33.

[2] Diplôme (sans date) de 882 (*Rec. Hist. de Fr.*, IX, p. 428; Marten., *Ampl. coll.*, I, 213; *Panc. N.*, n° LXXI) : «Volumus etiam ac decernimus ut *decimæ et nonæ* omnium dominicalium rerum, scilicet tam ex dominicatis villis quam ex beneficiatis *hospitali nobilium atque pauperum* deputatæ habeantur ac persolvantur. » — Mêmes termes dans le diplôme du 22 août 886 (*Rec. Hist. Fr.*, IX, p. 350; Marten., *Ampl. coll.*, I, p. 218; *Panc. N.*, n° LXXIV), et du 2 janvier 896 (*Panc. N.*, n° XXX). Cfr. Mabille, *Div. territ.*, p. 104.

[3] Cet abbé est mentionné par plusieurs titres de la *Panc. N* (n°° 83, 84, 87, 88), pendant les années 886 et 887; cfr. Monsnyer, *op. cit.*, p. 165.

gence de l'abbé lui-même. Cet état de choses dura jusqu'en 899, époque à laquelle l'abbé Robert, faisant droit aux humbles prières et aux larmes des chanoines, leur rendit la celle de Saint-Clément, pour la rétablir avec sa destination antérieure, *in ordinem restituimus priscum* [1].

Le diplôme de l'abbé Robert nous indique également les traditions suivies à Saint-Martin pour l'administration de l'hospice des pauvres, où ces derniers recevaient asile et nourriture [2].

Le patrimoine de l'hospice se composait d'immeubles donnés par la piété des fidèles [3], et d'une subvention annuelle que les chanoines étaient obligés de fournir [4]. Cette subvention comprenait la dime et la none de tous les biens du monastère, même de ceux qui étaient tenus en bénéfice ou dont jouissait l'abbé [5]. Lorsque

---

[1] Mabille, *Invas. norm.*, pp. 62-63 : Diplôme de Robert, abbé de Saint-Martin, du 22 mai 899 : «Nos siquidem Rotbertus... gregis sancti Martini abbas....percognitum ac manifestum esse cupimus... quoniam... idem grex præfatus... *humiliter ac lacrimabiliter reclamans et dicens*, quod res omnes, quas per multorum præteritorum temporum curricula... fidelium devotio... *hospitali*... contulerat, prædecessor noster, *domnus Odo tunc abba...*, quorumdam suorum quasi fidelium instinctu, *aut dolo*, aut *importuna ipsorum cupiditate* seductus easdem res... *sine consultu sancti Martini canonicorum*, cuidam suo fideli, ut suas proprias... concesserat,... domnus Odo rex, *in cujus tempore hospitalitas et receptio pauperum communis* de monasterio beati Martini *ipsius negligentia, primo cecidit*,... cellam beati Clementis... *in ordinem restituimus priscum.* » — Cfr. *Panc. N.*, nᵒˢ 105, 107, XXIII et LXXVIII ; ce diplôme a été renouvelé le 13 septembre 900. (Mabille, *Inv. norm.*, pp. 64 et s.)

[2] Diplôme de 899 : «Hospitali ad *pascendos ibi* perpetualiter pauperes... In cujus tempore *hospitalitas et receptio pauperum...* » Ces expressions se retrouvent sous toutes les formes dans les deux diplômes de 899 et 900.

[3] *Eod. loc.* : « Res omnes quas per multorum præteritorum temporum curricula diversorum Christi *fidelium devotio* Christo sanctoque Martino, hospitali... *pro* earumdem rerum *præcedentium collatorum scilicet sequentiumque omnium remedio contulerat.* »

[4] Testament de Gulfard : « Ea ratione ut *annuatim...* dare studeant... » – Testament d'Haganon : « Ergo censuimus... *annis singulis...* » — Les dîmes et les nones étaient aussi des revenus annuels, qui constituaient des prestations périodiques.

[5] Diplôme de 862 : « Statuimus atque ratum fore judicamus ut... *nona pars ex omnibus frugibus et ex vino*, datis, tam de villis dominicatis, *licet in beneficio*, habeantur vel deinceps dentur, quam etiam ex eis quæ fratribus tribuantur, videlicet ex omnibus quæ tempore memorali domini et genitoris nostri *ad usus abbatum vel fratrum* deputatæ fuerint, *hospitali*

cependant, vers le milieu du ix⁰ siècle, l'hospice des nobles fut
distinct de l'hospice des pauvres, le premier avait droit à la none, et
le second à la dime seulement; nous trouvons d'ailleurs un exemple
du même usage au monastère de Saint-Médard de Soissons [1]. Mais,
lorsque les deux institutions furent réunies de nouveau, tous les
diplômes attribuèrent en bloc *decimas et nonas* à l'*hospitale nobi
lium atque pauperum*. ·

Ces revenus étaient confiés à un aumônier général chargé d'en
opérer une équitable distribution : il était élu chaque année par les
chanoines et parmi eux, et l'élection était soumise à l'approbation
de l'abbé; il devait être d'une probité exemplaire, d'une charité
éprouvée et d'une sagesse extrême, de façon à ne point accumuler
ses revenus, mais à les répartir entre tous les pauvres, étrangers
ou non, pèlerins ou mendiants [2]. Tel était l'usage antique [3], dit le
diplôme, et il n'est peut-être pas téméraire d'ajouter qu'en principe
cette institution remontait à Grégoire de Tours, car, à cette époque,

---

reddatur integerrime *nobilium*. » Diplôme de 882 : « Volumus etiam ac decernimus ut *decimæ et nonæ* omnium dominicalium rerum, scilicet tam ex dominicatis villis quam ex beneficiatis *hospitali nobilium atque pauperum* deputatæ habeantur ac persolvantur. » Terme-
identiques ou analogues dans les autres diplômes postérieurs. Cfr. Mabille, *Div. territ*,
p. 104.

[1] Diplôme de 862, cité à la note précédente; charta an. 871, pro monast. S. Medardi Sues.
sion [Ducange, *Gloss.* v⁰ *Hospitale*] : « Et *Hospitalis nobilium* accipiat *nonam* ex villis ipsius
abbatiæ secundum antiquam consuetudinem...; et *Hospitalis peregrinorum* accipiat *deci-
mam.* » — La *dime* est le prélèvement des récoltes, le dixième à l'origine, au profit du clergé
pour l'entretien du culte; la *none*, au contraire, est un loyer rural, primitivement le neu-
vième des fruits, dû par les cultivateurs pour la jouissance d'un immeuble à titre de bail.
La même villa pouvait donc être assujettie à la dîme et à la none; cfr. Ducange: *Gloss.*, vⁱ
Decima et *Nona*.

[2] Dipl. de 899 : « Ut liceat eisdem fratribus, *quot annis* sicut hactenus *eligere ex eodem grege*
unum omni probitate et dispilitate præcipuum, qui omnem oderit avaritiam et erga *pauperes*
et *peregrinos* piissimum, cui hospitale per suorum *abbatum consensum* committant pauperum. »

[3] *Eod. loc* : « *In ordinem* restituimus *priscum..., sicut hactenus.* »

nous avons vu un ou plusieurs *eleemosynarii*, chargés de distribuer les secours de la *Matricula*.

L'hospice Saint-Clément fut donc fortement reconstitué en l'an 899; les titres de Saint-Martin, sans le nommer, nous parleront, pendant tout le x⁰ siècle, de l'*hospitale nobilium atque pauperum*, et les rois, qui sont les abbés du monastère, continueront de lui attribuer, à titre de subvention, les *decimas et nonas*[1].

Si les services hospitaliers ont été, après les invasions normandes, concentrés à Saint-Clément, les celles qui les contenaient auparavant possédaient toujours leurs dotations en immeubles. Les édifices avaient, il est vrai, été détruits; cependant les revenus des terres existaient encore, diminués peut-être par suite de pareils désastres, mais capables toutefois de tenter la cupidité des courtisans qui ne manquaient jamais autour des abbés.

L'ancien hospice Saint-André n'échappa point à cet abus, et, dès le commencement du x⁰ siècle, nous le voyons tenu en bénéfice par le diacre Geoffroy: celui-ci paye seulement une redevance pour entretenir une infirmerie à l'usage des chanoines et dans la chapelle même de Saint-André. L'oncle du bénéficiaire avait doté cet établissement et avait sans doute contribué à le mettre en état de

---

[1] Diplôme de Charles le Simple du 30 avril 903 (*Rec. Hist. Fr.*, IX, p. 498 ; Marten., *Ampl. coll.*, I, p. 238; *Panc. N.*, n° V) : « *Decimæ quoque et nonæ* dominicalium rerum... *hospitali*, ut est supra scriptum, *nobilium atque pauperum*... deputatæ habeantur. » Bulle du pape Serge II, de mai 908 (*Titres de Saint-Martin*, t. VI, p. 9, recueil ms. d'André Salmon, Bibl. de Tours; *Panc. N.*, n° CXXXVII) : « Ut *decimæ et nonæ* ex eorum omnibus rebus absque aliqua præsulum principumque contradictione *hospitali eorum nobilium atque pauperum* integerrime reddantur. » — Dipl. de Charles le Simple, du 27 juin 919 (*Rec. Hist. Fr.*, IX, p. 545; Marten., *Ampl. coll.*, I, p. 273 ; *Panc. N.*, n° VII) : « *Decimæ quoque... hospitali nobilium atque pauperum* reddantur. » — Diplôme de Raoul, du 24 mars 931 (*Rec. Hist. Fr.*, IX, p. 575; Mart., *Thesaurus Anecd.*, I, p. 63; *Panc. N.*, n° VI) : « *Decimæ et nonæ* dominicalium rerum... *hospitali nobilium atque pauperum*.., deputatæ habeantur. » Mêmes termes dans le dipl. de Hugues Capet, de 987 (*Rec. Hist. Fr.*, X. p. 552 ; Mart., *Ampl. coll.*, I, p. 340 ; *Panc. N.*, n° IX).

recevoir les chanoines malades : c'est vraisemblablement pour ce motif que Geoffroy et, après sa mort, son frère Gaubert eurent Saint-André en précaire [1].

Cependant les barbares n'avaient pas abandonné pour toujours la Touraine, car, en 903, une flotte normande remontait la Loire jusqu'à Tours, brûlait de nouveau le monastère de Saint-Martin et posait le siège devant la cité. Mais c'était en vain : les remparts gallo-romains avaient été réparés, et la châsse de saint Martin, promenée en procession sur les murs de la ville, anima les défenseurs et leur fit mettre en déroute les assaillants. Les chanoines reconnurent le bon effet des fortifications, et, dès l'an 906, élevèrent des murailles pour protéger leur cloître ; la nouvelle enceinte fut terminée en 918, et, pour ce motif, le monastère de Saint-Martin prit le nom de Château-Neuf [2].

Il est à supposer que les chanoines en rentrant dans leur abbaye, désormais à l'abri des incursions barbares, établirent leurs archives dans les dépendances du monastère de Notre-Dame, où la Matricule avait été déjà transportée : nous trouvons, en effet, pour la

---

[1] Dipl. de 900 (*Panc. N.*, n° 106) : « Gautier et son neveu Geoffroy confirment la dotation de l'infirmerie de Saint-Martin, établie près dudit monastère. » — Dipl. du 4 mai 954 (*Panc. N.*, n° X ; *Arm.* de Bal., tom. XLVII, f° 172) : Le vassal Robert et le sous-diacre Gaubert, frère du feu diacre Geoffroy, obtiennent en précaire « les biens que celui-ci de son vivant tenait lui-même en précaire des religieux, et qui faisaient partie de la dotation de la chapelle construite, à l'intérieur du cloître de Saint-Martin, pour servir d'infirmerie aux chanoines. » Monsnyer, en traitant de l'hospice Saint-André (*op. cit.*, p. 13?-6), indique le diplôme de 954 comme étant donné en faveur de cet établissement : « Gaufridi... sub annum Christi 954 donationes *ad hunc usum infirmorum* fidem faciunt. » D'un autre côté, le diplôme de 919, cité à la note précédente, mentionne la celle de Saint-André parmi les celles de Saint-Martin tenues en précaire, et ne parle d'aucune autre chapelle du cloître possédée de la même manière et pouvant servir d'infirmerie aux chanoines ; or, les diplômes de 900 et 954 nous disent précisément que cette infirmerie était tenue en précaire, et il ne peut être douteux que ce ne soit Saint-André.

[2] Mabille, *Inv., norm.*, pp. 42-43.

première fois, en 919, cet établissement désigné sous le nom de *Sancta Maria ad Scriniolum* [1], que l'on a traduit par Notre-Dame-de-l'Ecrignole, et l'on sait que *scrinia* est le terme technique signifiant les archives de la bureaucratie romaine [2].

Le diplôme de 919 nous apprend d'ailleurs que Notre-Dame-de-l'Ecrignole, à l'instar de Saint-André, était tenue en bénéfice. Mais le bénéficiaire s'occupa peu de faire réparer les bâtiments à l'usage de la Matricule, qui restèrent dans le plus triste état et purent à peine abriter seulement quelques religieuses vouées au soin des femmes pauvres. C'est pour ce motif que le bienheureux Hervé, à qui l'on doit la reconstruction de la basilique de Saint-Martin, voulut installer les religieuses de l'Ecrignole dans un local plus digne d'elles et transféra leur monastère, au commencement du xie siècle, à Beaumont-lès-Tours [3].

A cette époque, ces religieuses étaient tenues d'entretenir les linges et ornements d'église des chanoines [4], et nous ne doutons pas qu'elles n'employassent à ce service les femmes pau-

---

[1] Dipl. du 27 juin 919 (*Panc. N.*, n° VII) : « Cellis S. Martino subjectis, et villis in beneficium datis, id est sanctæ Mariæ *quæ dicitur ad Scriniolum.* »

[2] Lebaigue, *Dict. latin-français*, v° *Scrinium* : « Scrinium gerere (Lamprid.), être le gardien des archives. » La littérature latine connaissait le mot dérivé *scriniarius*, archiviste, et le diminutif *scriniolum*. — La chancellerie romaine fut organisée depuis Claude et divisée en trois départements (SCRINIA) : *a rationibus* (finances), *a libellis* (suppliques des particuliers), *ab epistolis* (correspondance impériale). Plus tard, le nombre des *scrinia* fut porté à quatre Cfr. P. Willems, *le Droit public romain*, 4e édition, Louvain, Charles Peters, 1880, pp. 436, 437, 567 ; Ducange, *Gloss.*, v° *Scrinium.*

[3] Monsnyer, *op. cit.*, p. 205 : « Cum igitur ex feminis Deo consecratis... in loco cui nunc sanctæ Mariæ de Scriniolo nomen est, *paucissimæ* superessent moniales hospitalariæ,... nec idcirco satis commode ibidem habitare possent, quod incursionibus Danorum et Normannorum *desolatus et penè destructus* fuisset iste locus. » Eod. op., p. 135 : « Ex hoc loco *ad Bellum montem* anno 1007 translatæ fuerint. »

[4] *Rec. Hist. Fr.*, t. X, p. 608 : « Eoque tenore ut sanctimoniales Domino servientes, a modo semper in posterum *cappas et cætera ornamenta* B. Martini prout potuerint *absque pretio restituant.* » — Cfr. infr., p. 21, note 1

vres et relativement valides qu'elles recueillaient à la Matricule.

Leur départ ne laissa cependant point inoccupés les bâtiments qu'elles habitaient, car le chapitre de Saint-Martin y établit un certain nombre de clercs, dont l'office était de prendre soin précisément de la Matricule et en même temps des autels de la basilique : de là le nom donné à ces clercs de marguilliers, *matricularii*[1].

Ainsi qu'il est facile de le constater par divers détails du Rituel de la Collégiale, les marguilliers étaient des subalternes, sous l'autorité du chambrier et des cheveciers, et eux-mêmes avaient des aides au-dessous d'eux : ils avaient à s'occuper du trésor de l'église, des ornements sacrés, de la décoration des autels, du balayage et de la garde du temple ; ils avaient également à remplir diverses fonctions accessoires dans les processions, et à diriger les sonneries, pour lesquelles, au XVIe siècle, il ne fallait pas moins de trente hommes[2].

Pour tous ces travaux, comme pour l'entretien des linges d'église, il est à présumer que beaucoup de pauvres occupèrent ces rôles inférieurs, qui sont aujourd'hui tenus dans les églises parois-

---

[1] Monsnyer, p. 235 : « Monialium hujusmodi translationem... fuisse factam ex Scrinolii oratorio, quod erat tunc temporis Matricula Ecclesiæ S. Martini, in quarum monialium loco constituti et collati sunt a capitulo S. Martini *mansionarii quidam clerici*, ut *illius et altarium S. Martini* curam haberent, qui ideo dicti sunt *Matricularii.* »

[2] Monsnyer, *op. cit.*, p. LIV : « In ecclesia B. Martini Turonensis... erant et quatuor *Capicerii*, qui habebant justitiam latronum ecclesiæ ;... ad capicerios una cum septimanariis et *infra septimanarios*, MATRICULARIIS, qui quatuor sunt, pertinebat in primis Altaris nec non B. Martini sepulchri et ecclesiæ thesauri cura. » — Il serait en dehors de notre sujet d'entrer dans les détails qui concernent tous ces dignitaires et fonctionnaires de la collégiale ; Monsnyer (pp. 501 et s., et *passim*) est à consulter pour savoir quelles sont les charges et quels sont les bénéfices du chambrier, des cheveciers, des semainiers, des marguilliers, des sous-marguilliers (pp. 473 et s. : *Serviens Matriculariorum*) et du gardien de l'œuvre, qui reçoit 4 deniers par jour pour surveiller les ouvriers, et prend pour lui les copeaux et les restes de bois ne pouvant faire des chevilles. — Sur les sonneries, cfr. Nobileau, *Rituale*, p. LXV ; *Mém. Soc. Arch.*, t. XXXII, p. 250.

siales par les suisses, bedeaux, sonneurs, porte-croix, et, dans les
congrégations religieuses, par les *frères* ou *sœurs convers* [1].

Dans ces conditions, la foule des mendiants, que nous avons
vue pulluler à Saint-Martin du temps de saint Grégoire, diminua
considérablement : les plus valides furent enrôlés pour travailler
à la décoration de la basilique ; ceux qui faisaient de la mendicité
une profession, sachant que les nobles n'allaient plus en pèlerinage
et n'empliraient plus leur escarcelle à la porte du Tombeau, n'y
vinrent plus eux-mêmes ; enfin ceux qui demeuraient fort loin trou-
vèrent plus à proximité une des nombreuses abbayes qui couvraient
alors la France.

Il n'était donc plus besoin, au XIᵉ siècle, d'autant d'hospices
qu'il y en avait autour de Saint-Martin avant les invasions normandes : après cette désastreuse époque, Saint-Clément semble
avoir concentré la plupart des services hospitaliers, et l'abbé Robert
voulait que ce fût à perpétuité et sans nouvelles commotions, *ad
pascendos perpetualiter pauperes semper maneat inconvulsum ;*
mais, dès 1184, Saint-Clément est une paroisse et non plus un
hospice. Parfait exemple de la constance des choses d'ici-bas !

---

[1] Ducange, *Gloss.*, vᵒ *Matricula* : beaucoup de textes sont cités sous ce mot pour prouver
que les pauvres des deux sexes étaient employés au service de l'église qui les recevait, et
payaient ainsi un tribut de reconnaissance ; nous n'en reproduirons qu'un qui les résume
tous : « Nam et matriculam... instituit, ut *pauperes* UTRIUSQUE SEXUS, sive etiam qui sanctorum ope sanitati donari digni fuissent, in reliquum ipsius eleemosynis sustentati, qui vel-
lent *in servitio Ecclesiæ*, ac si pro gratiarum actione permanerent. » Dans les titres de Saint-
Martin, il est aussi question des pauvres qui travaillent au service du monastère, mais sans
autre désignation du travail : « Ad sustentationem *pauperum seu clericorum* Deo et beato
Martino in eodem monasterio *servientium.* » (*Titres de Saint-Martin*, V, p. 55, ms. Bibl. de
Tours.) Quant aux religieux *convers*, leur institution remonte à l'époque même qui nous oc-
cupe : nous en trouvons à Marmoutier, dans les premières années du XIᵉ siècle. (D. Marten.,
Histoire de Marmoutier (t. I. p. 349), publiée par Mgr Chevalier dans les t. XXIV et XXV des
Mém. Soc. Archéologique de Touraine.)

CHAPITRE II

LA PAROISSE SAINT-CLÉMENT

En Touraine, les premières paroisses ont été instituées par saint Martin lui-même : c'est lui qui le premier fit rayonner l'évangile tout autour de sa ville épiscopale, et c'est lui qui créa les premiers curés dans les principaux centres de population. Langeais, Amboise, Candes font ainsi remonter la fondation de leurs églises jusqu'au temps de cet illustre pontife [1].

L'évangélisation de notre province fut assez rapide, et les écrits de Grégoire de Tours mentionnent fréquemment l'érection de nouvelles paroisses. Plus tard, l'évêque fut admirablement aidé dans sa tâche par les établissements religieux de Saint-Maurice, Saint-Martin, Saint-Julien, Marmoutier, Cormery, etc., qui ne voulaient point laisser sans oratoires leurs domaines de plus en plus nombreux. Presque toutes nos paroisses actuelles furent donc créées de bonne

------

[1] Bourassé et C. Chevalier, *Recherches historiques et archéologiques sur les églises romanes en Touraine* (*Mém. Soc. archéolog.*, série in-4°, t. I), pages 9 et suivantes ; les auteurs donnent dans cet ouvrage la liste de toutes les églises mentionnées soit par Grégoire de Tours, soit par les chartes antérieures à l'an mil.

heure, au plus tard au commencement du xɪᵉ siècle. On peut même dire que les plus vastes sont les plus anciennes, car les nouvelles n'étaient érigées qu'aux dépens de celles-ci, et les curés ne se laissaient point facilement dépouiller d'une portion, si minime qu'elle fût, des territoires confiés à leur zèle évangélique [1].

A la Martinopole, il en fut autrement. L'abbé du monastère fondé sur le tombeau de saint Martin devint bientôt si puissant, qu'il finit par s'affranchir de la juridiction des archevêques de Tours. Ceux-ci acceptèrent même la chose et la sanctionnèrent officiellement, et les papes confirmèrent ces privilèges. Dans le principe, Chrotbert se réserva de faire les ordinations des clercs de la basilique et de consacrer le saint chrême [2], mais Ibbon abandonna encore ces prérogatives et permit aux religieux de Saint-Martin de se choisir un évêque. Le pape Adrien Iᵉʳ confirma ce privilège et décida que cet évêque serait sacré par un des évêques voisins, au lieu de venir à Rome comme par le passé [3].

[1] Bourassé et C. Chevalier, *Recherches*, etc., pp. 18, 35, 118.

[2] *Panc. N.*, n° 9 : Chrotbert, évêque de Tours (653-674), exempte le premier le monastère de Saint-Martin de toute juridiction épiscopale ; nᵒˢ 10 et CXXXII, confirmation de ce privilège par le pape Adéodat (674) : « Reverendissimus vero Episcopus... *faciendæ* TANTUM *ordinationis* et promotionis sacerdotum, atque levitarum, vel *conficiendi chrismatis* sit TANTUM CONCESSA *licentia*. » Cfr. Monsnyer, *op. cit.*, p. 41 ; *Panc. N.*, n° 11. — Pour tous ces diplômes, nous en référons seulement à la Pancarte, car ces questions ne sont qu'une introduction à notre sujet et ne peuvent être traitées ici en détail. L'ouvrage de Mabille indique, d'ailleurs, au bas de chaque pièce, quelles en sont les éditions et quelles en sont les copies manuscrites.

[3] *Panc. N.*, nᵒˢ 12 et CXXXVII : privilège d'Ibbon (720), archevêque de Tours ; cfr. n° 13 ; nᵒˢ 21 et CXXXIV, bulle du pape Adrien Iᵉʳ (juin 786) : « Decernimus condito monasterio vestro..., ut liceat *ibidem habere episcopum...*, per cujus prædicationem populus qui a diversis regionibus... ad sancta... monasterii limina concurrit remedia percipiat...; neque episcoporum metropolitanus de præfato venerabili monasterio in *cellulis* ejusdem Ecclesiæ, sive *titulis*, sive *oratoriis* dictioni ipsius constitutis, aut *ordinationes* facere sive *pro chrisma faciendo* venire atque exquisitare, agere, aut distringere, vel ad se *presbyteros* convocare præsumat. » Cfr. Monsnyer, *op. cit.*, pp. 41-42.

Voilà donc constitué, dans le monastère de Saint-Martin et ses dépendances, un petit diocèse enclavé dans le grand diocèse de Tours. Désormais une lutte continuelle se trouve engagée entre les deux, le petit cherchant à s'étendre aux dépens du grand, et le grand résistant vigoureusement aux attaques du petit [1]; dans ces conditions, il n'est donc pas surprenant que les archevêques de Tours n'aient point établi de cures dans la Martinopole. D'un autre côté, les religieux de Saint-Martin, qui appartenaient au clergé régulier, n'étaient nullement disposés à créer si près d'eux des paroisses desservies par le clergé séculier; ils aimaient mieux conserver les nombreux oratoires qui rayonnaient autour de la basilique et jouir eux-mêmes des bénéfices.

Il en fut ainsi jusqu'en 1096, époque à laquelle le pape Urbain II annexa au Saint-Siège l'épiscopat de Saint-Martin et ordonna qu'à l'avenir le chapitre lui serait soumis sans nul intermédiaire [2]. La bulle est datée de Tours, car Urbain II y était venu en personne, pour mettre fin à des querelles de moines qui devenaient scandaleuses, et pour présider un synode dans l'église même de Saint-Martin. Ce dut être une grande solennité à Châteauneuf, mais une solennité qui se termina d'une façon bien lugubre : la basilique

---

[1] Monsnyer. *op. cit.*, p. 43 : Au ixe siècle, l'évêque de Saint-Martin avait pour palais épiscopal la celle de Sainte-Colombe, que nous trouvons souvent mentionnée dans les mêmes diplômes que Saint-Clément, N.-D.-de-l'Écrignole, etc. Cette celle avait de beaux revenus et permettait à l'évêque de soutenir avec honneur sa dignité, *ad splendorem et suæ dignitatis sustentationem.* — Cette celle était aussi connue sous le nom de Saint-Sulpice, qui se transforma en Saint-Simple, et devint une paroisse de Tours (diplôme cité de 854 : *Sanctæ Columbæ* SEU *sancti Sulpitii*). Cfr. Monsnyer, *op. cit.*, p. 167; Mabille, *Div. Territ.*, p. 134. — Les querelles du chapitre de Saint-Martin avec les archevêques de Tours ont laissé de nombreuses traces dans la *Pancarte noire* ; cfr. n°s 182, 183, CXXVIII, CXLVIII; Dr Giraudet, *Histoire de la ville de Tours*, t. I., pp. 78-79.

[2] *Panc. N.*, n°s 198 et CXXIX : Bulle du 14 mars 1096, *Datum Turonis in castello Sancti Martini.*

récemment reconstruite fut incendiée par l'imprudence d'un clerc [1].

Cet incendie matériel fut en quelque sorte le prélude d'un incendie social qui bouleversa tout dans la Martinopole, mit les bourgeois en guerre déclarée contre les chanoines, et causa, dès les premières années du XIIᵉ siècle, une nouvelle destruction, mais à main armée cette fois, de la célèbre basilique [2].

La population de cette petite ville était, en effet, devenue plus stable et moins hétérogène qu'autrefois. Les nombreux établissements religieux qui s'étaient formés et avaient pris de l'extension autour de Saint-Martin, attirèrent près d'eux beaucoup d'industriels et de commerçants laïques pour fournir à leurs besoins; nous voyons figurer dans les titres de la collégiale, parmi les noms d'artisans payant une redevance au trésorier, les bouchers, boulangers, maraîchers, pêcheurs, cordonniers, tanneurs, merciers, fripiers, etc. Toute cette population ne put bientôt plus être contenue dans les murs de Châteauneuf et déborda dans la banlieue en créant plusieurs faubourgs [3].

D'un autre côté, une classe bourgeoise se forma au milieu de tous ces artisans, et cette classe bourgeoise repoussa hautement la puissance civile du chapitre, dont les prébendes étaient souvent recherchées pour jouir seulement du bénéfice : il y avait loin du temps où chanoines et fidèles étaient animés du même esprit de

---

[1] Dʳ Giraudet, *op. cit.*, t. I, pp. 95 et 96.

[2] *Eod. op.*, pp. 97-98.

[3] *Archives départementales d'Indre-et-Loire*, série G, nº 421, Inventaire des titres du trésorier, *passim*; cfr. Nobileau, *Rituale beatissimi Martini*, pp. XVIII et XIX ; *Mém. Soc. arch. Tour.*, t. XXVIII, p. 165. — Sur la formation des bourgs autour de Saint-Martin, consultez Dʳ Giraudet, *op. cit*, pp. 55 (Saint-Hilaire, Saint-Pierre-le-Puellier), 80 (Saint-Pierre-du-Chardonnet, Saint-Saturnin, Saint-Simple, Saint-Clément), 115, 116, 117, 118 (Saint-Venant, Notre-Dame-la-Riche).

dévotion envers saint Martin, et, au xii° siècle, chacun cherchait à se tailler un petit domaine dans le patrimoine du saint patron[1]. Aussi les bourgeois de Châteauneuf établirent-ils une administration communale, qui reçut de Philippe-Auguste, en 1181, une charte d'autorisation[2].

Ce souffle d'indépendance, qui se manifestait au point de vue civil contre les chanoines de la Martinopole, se manifestait également au point de vue religieux. La population laïque voulait être gouvernée par des magistrats élus par elle dans son sein, et elle voulait être dirigée au spirituel par des curés sous l'autorité de l'évêque du diocèse. C'est d'ailleurs ce que décidait un texte de droit canon, d'après lequel, dans les églises conventuelles, le peuple doit être régi non par un moine, mais par un curé institué par l'évêque du consentement des religieux. S'il y a des exceptions à cette règle, c'est qu'elles furent arrachées de force par les chanoines à la faiblesse de certains pontifes, désireux avant tout de la paix de âmes, et voulant éviter l'abus d'excommunications réciproques et d'appels en cour de Rome[3].

[1] Nous n'avons pas la prétention de dénoncer tous les abus dont se rendirent coupables les chanoines de Saint-Martin; il faut non point juger ces époques troublées avec nos idées du xix° siècle, mais placer les faits au temps où ils se sont passés, et les apprécier d'après les idées contemporaines des événements. Pour ne citer qu'un abus, un de ceux qui ont trait à notre sujet, nous rappellerons celui que commit l'aumônier au xiv° siècle : il conserva pour son usage personnel tous les revenus de l'Aumônerie, refusa de rendre compte chaque année au chapitre et priva complètement les pauvres de l'aumône et de l'hospitalité ; il fallut une décision solennelle pour mettre fin à cet abus, et pour obliger désormais l'aumônier à prêter serment, en entrant en fonctions, qu'il ne toucherait pas au bien des pauvres. Cfr., Monsnyer, op. cit., p. XXVIII.

[2] Mém. Soc. arch. Touraine, t. XXVIII, p. 162; D' Giraudet, op. cit., pp. 97 et suivantes : Bull. Soc. Arch., t. VI, pp. 193 et suivantes. (Mémoire de M. Faye sur le Statut municipal de Tours, travail fort intéressant pour l'histoire de l'administration municipale de cette ville.)

[3] Monsnyer, op cit., p. 50 : texte cité de droit canon : « In ecclesiis ubi Monachi habitant, populus per monachum non regatur, sed capellanus qui populum regat, ab episcopo per

C'est au milieu de toutes ces transformations sociales de la Martinopole que nous voyons, en 1184, l'église Saint-Clément figurer parmi les églises paroissiales de Tours[1]. Y avait-il longtemps qu'elle portait ce titre à cette époque? Nous ne le pensons pas; et si nous étudions attentivement la bulle du pape Luce, qui mentionne ce fait pour la première fois, nous trouverons peut-être la réponse à la question.

Cette bulle, datée du 21 mai 1184, confirme les possessions et privilèges de la collégiale de Saint-Martin, mais elle réserve expressément aux évêques diocésains leur juridiction habituelle sur les *églises paroissiales* situées sur les propriétés du chapitre[2]. Or, comme cette clause froissait beaucoup les prétentions des chanoines, ceux-ci veillaient scrupuleusement à ce que, dans les bulles pontificales, on n'attribuât le titre de paroisse qu'aux églises qui le portaient réellement; les autres édifices religieux étaient désignés sous le nom de cellules, chapelles, oratoires, mais jamais d'églises.

Dans la bulle que nous étudions, nous ne trouvons nommées

consilium monachorum instituatur. » En d'autres termes, le curé doit être institué par l'évêque et soumis à sa juridiction ; les moines n'ont qu'un droit de présentation. Les églises de Saint-Pierre-du-Chardonnet, de Saint-Cosme et de Saint-Venant firent notamment exception à cette règle, après de nombreuses querelles avec les archevêques de Tours; en 1211, l'archevêque Jean de Faye, renonça aux droits qu'il prétendait exercer sur ces églises d'après la *lex diœcesana*; cfr. Monsnyer, *loc. cit* ; *Panc. N.*, n° CXLVIII.

[1] *Titres de Saint-Martin*, t. VI, p. 427 (Bibl. de Tours, fonds Salmon) : Bulle du pape Luce III du 21 mai 1184 : « Claustrum cum... presbiteris... in ecclesiis... SANCTI CLEMENTIS... est liberum ab omni humana potestate. » Cette bulle, probablement inédite, se trouve copiée dans les *Armoires* de Baluze (arm. incert., p. 9, n° 2, t. I, f° 28 v°; 47 r°); Monsnyer en donne une analyse (*op. cit.*, p. xc).

[2] *Loc. cit.* : « Lucius III, XII calendas junii... MCLXXXIV, confirmat *ecclesias*, villas, possessiones et territoria concessa..., *salva in* ECCLESIIS PAROCHIALIBUS *episcoporum consueta justitia.* » — Sur la ténacité des chanoines à réclamer la juridiction sur certaines églises, cfr. Monsnyer, *op cit.*, p. 50.

que quatre églises paroissiales : Saint-Venant, Saint-Pierre-du-Chardonnet, Saint-Simple et *Saint-Clément* [1]. On peut donc se demander si cette dernière paroisse mentionnée n'est pas aussi la paroisse
la plus récemment érigée en 1184.

Cette hypothèse prend beaucoup de poids, si nous rapprochons
la bulle de Luce III de celle de Calixte II, de 1119, où l'on voit
l'église St-Venant désignée comme seule église paroissiale, et l'église
St-Pierre-du-Chardonnet comme n'étant encore qu'une chapelle [2].
Quant aux églises St-Simple, St-Clément et à la chapelle St-Jacques,
il n'en est point question, et elles se trouvent sans doute com-
prises sous les termes vagues de cellules ou d'oratoires.

Ne semble-t-il pas évident dès lors que les églises dénommées
en 1184 ont été érigées en paroisses successivement depuis 1119,
et que Saint-Clément en particulier ne porta ce titre que vers
la fin du XIIe siècle?

---

[1] Bulle de Luce III : « Claustrum cum castro et clericis et presbyteris in eo et in *ecclesiis*
Sancti Venantii, Sancti Petri de Cardineto, Sancti Simplicii, SANCTI CLEMENTIS, et in *capella*
Sancti Jacobi in *Eleemosyna* et in *cellulis* infra claustrum commorantibus, est liberum ab,
omni humanâ potestate. »

[2] *Défense des privilèges de Saint-Martin* (Recueil imprimé de procès, Bibl. de Tours),
p. 14 : Bulle de Calixte II, en 1119 : « Presbiteri quoque... in cellulis, in oratoriis vestris, in *ecclesiâ* Sancti Venantii, et in CAPELLA Sancti Petri quæ de Cardineto dicitur commorantes. » En 1129, Saint-Pierre-du-Chardonnet est devenu paroisse; cfr. bulle de
Honoré II (*eod. op.*, p. 15) : « Presbiteri quoque in cellulis, in oratoriis vestris, in ecclesiâ
Sancti Venantii et in ECCLESIA Sancti Petri quæ de Cardineto dicitur commorantes... ; » ce
sont les mêmes termes qu'en 1119, mais *ecclesia* est mis à la place de *capella*. Les expressions
de 1129 se retrouvent identiques et sans que la liste des églises soit plus longue dans les
bulles de 1131 (*cod. op*, p. 16), 1144 (p. 17) et 1173 ou 1177 (p. 19). Ces bulles sont également
dans la *Panc. N.*, n°s 211, CXXIV, 221, CXXXIX, ou dans le fonds Salmon, *Titres de Saint.
Martin*, t. VI. — Il est à remarquer que la bulle de 1184 ne se trouve pas reproduite dans
l'ouvrage de polémique intitulé *Défense des privilèges de Saint-Martin* : la liste plus longue
des églises paroissiales qu'elle contient n'était point en faveur de ces privilèges, et les chanoines, en plaideurs habiles, n'invoquent point les textes qui sont contre eux. Ce n'est, d'ailleurs, qu'en 1211, comme nous l'avons vu, que Jean de Faye renonça à ses droits de juridiction épiscopale sur les églises de Saint-Venant et de Saint-Pierre-du-Chardonnet.

Cependant, que devint l'*hospitale nobilium atque pauperum* après cette transformation? En comparant la bulle du pape Luce avec plusieurs passages du Rituel de Péan Gastineau, nous pourrons nous faire une opinion à ce sujet. D'après ce dernier document, l'aumônier de Saint-Martin, *à raison de son aumônerie*, désigne au chapitre le titulaire de la paroisse Saint-Clément, et le chapitre présente cette personne à l'archevêque de Tours, qui seul peut conférer l'institution canonique [1].

C'est donc une présentation à deux degrés, mais en réalité c'est l'aumônier qui est le véritable présentateur, puisque c'est lui qui doit nommer le titulaire, sauf la ratification du chapitre qui ne peut jamais désigner personne. Par suite, l'aumônier est le patron de Saint-Clément et nous lui voyons attribuer ce titre sans partage dans un document officiel de 1784 [2].

Or, les droits de patronage sur une église étaient alors fort recherchés, car, avec les profits qu'il en pouvait retirer, le titulaire jouissait des droits honorifiques dans cette église. Il avait un banc réservé à la première place, il recevait le pain bénit, l'encens, etc., et surtout il inscrivait ses armoiries sur une litre à l'intérieur comme à l'extérieur de l'édifice [3].

---

[1] Monsnyer, *op. cit.*, p. 528 : « Eleemosynarius *ratione suæ Eleemosynariæ nominat* capitulo ad parrochiales ecclesias *Sancti Clementis* Turonensis et beatissimi Martini de Louestault, et Capitulum ad ejus nominationem personas sibi nominatas præsentat Archiepiscopo Turonensi ut per eum instituantur in eisdem. »

[2] *Arch. depart.*, série G, n° 1005, décret de Mgr de Conzié, p. 5 : assignation a été donnée au « sieur Allaire, chanoine et aumônier en l'église de Saint-Martin, et *en cette qualité* patron et *présentateur* de la cure de Saint-Clément. » Les pouillés du diocèse indiquent cependant la cure de Saint-Clément comme étant à la présentation du chapitre (Mabille, *Div. territ.*, p. 187) ; mais ces pouillés sont anciens et mentionnent le droit primitif : les aumôniers se seront affranchis peu à peu de la ratification du chapitre.

[3] A. Babeau, *le Village sous l'ancien régime*, 3ᵉ édition, pp. 207 et suivantes : le patron présentait, dans les quatre mois de la vacance, le prêtre qu'il choisissait pour curé et qui

Chaque seigneur influent de cette époque tint donc à honneur d'être le patron d'une église, qu'il créa parfois en dotant un simple oratoire : aussi le xie et le xiie siècles virent-ils naître un certain nombre de petites paroisses autour des abbayes, des collégiales et des châteaux féodaux [1], fondations d'autant plus faciles à réaliser que les laïques doivent être gouvernés par un curé [2], et que dix maisons suffisent pour constituer sa juridiction [3].

C'est pour cela que l'aumônier de Saint-Martin abandonna la chapelle de son hospice pour en faire l'église Saint-Clément, ce qui, d'après les lois canoniques, l'en rendait patron [4]. C'est pour cela qu'en 1217 l'abbesse de Beaumont, n'ayant plus besoin de l'oratoire de l'Écrignole, en forma l'église de ce nom et en retint, selon la règle, les droits de patronage [5].

lui payait une redevance [cfr. *Gallia christiana*, VIII, p. 424; abbé Boissonnot, *Notes sur la paroisse de Saint-Cyr-sur-Loire*, in-8°, pp. 9-10] ; il avait un banc réservé dans le chœur, il était encensé le premier et recevait le pain bénit. La manière dont l'eau bénite devait être présentée au patron souleva de nombreux procès : certains voulaient la recevoir avec le goupillon, et l'on cite deux curés « qui firent faire des goupillons énormes, avec lesquels l'un noya la perruque neuve de son seigneur, et l'autre jeta une si grande quantité d'eau bénite sur une dame, qu'elle fut obligée de sortir de l'église pour aller changer d'habits et de linge. » Nos maires actuels jouissent encore de ces droits honorifiques, mais ils se montrent moins avides d'eau bénite et d'encens que les patrons du temps jadis. Cfr. *Encyclopédie, Jurisprudence*, v° *Patronage*.

[1] Bourassé et Chevalier, *Églises romanes*, p. 35. — La commune actuelle de Preuilly, qui n'a qu'une étendue de 1 220 hectares et compte seulement 2 000 habitants, avait autrefois cinq paroisses ; Luynes, commune de 2 000 habitants, comptait trois paroisses avant la Révolution. Cfr. *Mém. Soc. arch. Tour.*, t. XXX, pp. 125 et suivantes; t. XXXI, pp. 179 et suivantes.

[2] Monsnyer, *op. cit.*, p. 50.

[3] *Encyclopédie, Jurisprudence*, v° *Paroisse* : « Dix maisons sont suffisantes pour former une paroisse ; le concile d'Orléans, tenu dans le vie siècle, et celui de Tolède l'ont ainsi décidé. »

[4] *Encyclopédie, Jurisprudence*, v° *Patronage* : est réputé patron celui qui donne le sol pour bâtir une église, celui qui fait exécuter la construction et surtout celui qui la dote. — Au xviiie siècle, la fabrique de Saint-Clément payait encore « une rente de 22 sols due au sieur Allaire pour indemnité *en sa qualité d'aumônier* (de Saint-Martin); » et cette rente était due pour « *l'emplacement de l'église* et place y attenante, servant cy-devant de *cimetière*. » Cfr. *Arch. départ.*, série G, n° 1004, f°ˢ 3 v° et 7.

[5] Monsnyer, *op. cit.*, p. 235 : « Ad instantiam Amabilis, abbatissæ Bellimontis ordine IX,

Mais, en même temps que nous voyons Saint-Clément prendre le titre de paroisse, nous voyons également apparaître, dans les textes historiques, la chapelle Saint-Jacques-de-l'Aumône : la bulle du pape Luce, de 1184, la nomme pour la première fois et la nomme immédiatement après Saint-Clément [1]. Ne serait-ce point là la preuve que l'aumônier de Saint-Martin institua près de son domicile cette nouvelle chapelle pour les besoins spirituels de son hospice et pour remplacer l'église qu'il avait transformée? Cet hospice, d'ailleurs, devenait de moins en moins important, par suite de la diminution des pèlerins, et il pouvait parfaitement être l'annexe de la maison de l'Aumône... Or, cette situation est très claire dans le rituel de la collégiale, où la chapelle Saint-Jacques-de-l'Aumône est souvent mentionnée comme lieu de station des processions se rendant soit à Beaumont, soit à Saint-Pierre-du-Chardonnet [2].

Quoi qu'il en soit, l'aumônier de Saint-Martin resta chargé, avec l'aide de six autres prêtres, d'assister les chanoines à leurs der-

oratorium istud fuerit erectum in sacerdotium parrochiale ex quo deinde migrarunt in prædictam S. Martini basilicam, juxta quam ad caput ipsius e regione S. Mariæ de Scrinolio ædium in quibus olim cohabitabant etiamnum aliquot incolunt, ad conservandam collocationis quondam suæ in Scrinolio monialium loco memoriam. Quod matriculariorum in ecclesiâ S. Martini Turonensis initium fuit. » Ainsi donc, lorsque l'Ecrignole fut érigée en paroisse, les marguilliers s'installèrent dans les dépendances mêmes de la basilique, quelques-uns seulement restèrent à l'Ecrignole pour conserver le souvenir de l'ancien état de choses. (Cfr. Arch. départ., G, 529, marguilliers de Saint-Martin). — Le lieu où les marguilliers se réunissaient s'appelait l'Œuvre de Saint-Martin; cfr. Mabille, Div. territ., pp. 124-125; Mém. Soc. arch. Tour., t. XIII, p. 318; Archiv. départ., G, 380, p. 44.

[1] Bulle du pape Luce, loc. cit. : « in ecclesiis... Sancti Clementis et in capellâ Sancti Jacobi in eleemosyna... »

[2] Mabille, Div. territ., p. 108 : « Vadit processio ad Sanctum Petrum de Cardineto... et intrantes in Eleemosynam dicunt de sancto Jacobo antiphonam; ... vadunt in processionem ad Bellum montem et transeunt per Eleemosynam et intrantes in ecclesiâ Sancti Jacobi dicunt antiphonam. » Mabille se trompe en disant que c'était l'aumônerie du Chardonnet détruite au xive siècle; celle-ci était au sud-est de la basilique et s'appelait Saint-Michel-de-la-Guerche, tandis que Saint-Jacques était à l'ouest et ne fut détruit que beaucoup plus tard. Cfr. p. 127; Monsnyer, op. cit., pp. 182, 473, 477.

niers moments et d'exercer l'hospitalité envers les pauvres [1]. Cet
état de choses dura jusqu'en 1733, époque à laquelle le service de
l'aumônerie fut réuni à l'Hôtel-Dieu de Saint-Gatien, les bâtiments
démolis et le culte transféré à Saint-André [2].

Voilà donc quel fut le sort des divers hospices de Saint-Martin
et comment la chapelle de l'un d'eux devint, dans la seconde moitié

[1] Monsnyer, *op. cit.*, p. 501 : « Eleemosynarius est juratus Capitulo... et quod fidelis erit
Ecclesiæ et Eleemosynæ B. Martini de Eleemosynâ et redditibus et hominibus illius... ; » p. 508:
« Sex eleemosynarii presbyteri habent a capitulo unam præbendam... et vestes canonicorum mortuorum;... quando canonici infirmantur..., vadit processio ad domum ægroti...,
post redeunt relinquentes cum eo sex presbyteros eleemosynarios qui die ac nocte cum eo
sunt...; » p. 509 : « Quando canonicus mortuus est..., sex eleemosynarii lavant et sepeliunt
mortuum ; » p. 510 : « Manducant sex eleemosynarii in domo ejus et habent pellicium mor-
tui et superlicium et cappam chori... et lectum quo juvet cum pannis et pulvi-
nari... » — Quoique l'Aumône soit tenue en bénéfice, il y a un patrimoine distinct à l'usage
des pauvres des deux sexes, *ad usum pauperum debilium et infirmorum aliarumque miserabi-
ium personarum utriusque sexus*; l'aumônier doit en rendre compte chaque année au chapitre, et, en entrant en fonctions, il est tenu de prêter le serment d'observer cette règle
[Monsnyer, *op. cit.*, p. XXVIII ; cfr. Nobileau, *Rituale*, p. 90]. — En 1736, il y avait encore un
aumônier en chef et six petits aumôniers (*Etat du diocèse de Tours*, ms. 1236, Bibl. de Tours,
pp. 85, 89, 90).

[2] *Arch. départ.*, G, 424 : le vendredi 24 avril 1733, le bureau de l'Hôtel-Dieu nomme
des commissaires (Menard, curé *de Saint-Clément*...), pour s'entendre avec les chanoines de
Saint-Martin « au sujet de l'*aumosne de Saint-Jacques* vulgairement appelée l'*aumosne de Saint
Martin*, et signer le traité qu'il convient de faire avec eux pour la *démolition* dudit édifice. »
L'aumônier et trois délégués du chapitre acceptent et stipulent « que MM. du chapitre
feront enlever et disposeront de la table d'autel, du pavé, du balustre, de la cloche et du
coffre servant à serrer les ornements *de la chapelle* de la ditte aumosne, de laquelle chapelle
le service sera transféré dans la *chapelle* VOISINE *de Saint-André*. » D'après cela, nous pouvons savoir où était la chapelle Saint-Jacques. Elle était tout près de Saint-André ; de plus, il
y avait « un corps de logis situé *entre l'aumosne* de Saint-Martin et *la porte du cloistre* »
(même liasse, bail de 1649); or cette porte *près de Saint-André* est la porte Saint-Simple, à
l'extrémité ouest de la rue Rapin. D'un autre côté, le « bastiment de l'aumosne cy-devant
réunie à l'Hôtel-Dieu » était distinct du « bastiment de la maison appartenante *à la dignité
d'aumosnier* », mais le joignait ; ce dernier fut conservé et nous le retrouvons dans le bel
hôtel Louis XI, qui fait l'angle ouest des rues Rapin et Julien-Leroy. Les dépendances de
l'Aumône et la chapelle Saint-Jacques se trouvaient donc là, en face et près de Saint-André ;
les processions qui allaient à Beaumont et à Saint-Pierre-du-Chardonnet, se dirigeaient par
la rue Julien-Leroy, passant ainsi devant l'Aumône, et ensuite par la rue Rapin, l'une à
l'ouest pour gagner la rue Saint-Eloi, l'autre à l'est pour gagner Saint-Venant. Cfr. G, 381,
p. 348 (maison de Saint-André, vers la porte Saint-Simple, VIS-A-VIS *l'Aumône*); Ch. Grandmaison, *Tours archéologique*, p. 221 (l'auteur ne dit pas que c'est l'Aumône).

du XII° siècle, l'église de la paroisse Saint-Clément : suivons maintenant le sort de celle-ci jusqu'à la Révolution.

Au XIII° siècle, nous la trouvons mentionnée une fois avec les autres paroisses de la Martinopole : les bourgeois de Châteauneuf, dans leurs querelles avec le chapitre, eurent souvent recours aux voies judiciaires, et, en 1247 en particulier, dans une discussion au sujet d'une rente pour le luminaire de l'église Saint-Martin, les bourgeois habitant Saint-Clément acceptèrent de se libérer en payant une certaine somme [1].

Au XIV° siècle, dans les registres des comptes municipaux pour la « cloeson et fortificacion » de la ville de Tours, lorsque la Cité et la Martinopole furent réunies dans une seule et même enceinte pour résister aux incursions des Anglais, nous voyons encore les habitants de Saint-Clément payer leurs fouages et leurs taillées et avoir, vers 1360, Raoulin de Fourques comme collecteur de ces impôts [2].

Mais ces rares mentions nous font seulement suivre de loin en loin l'existence de cette paroisse, sans rien nous apprendre de remarquable, et il nous faut arriver jusqu'à la seconde moitié du XV° siècle pour rencontrer un fait mémorable, c'est-à-dire la reconstruction complète de l'église.

---

[1] *Mém. Soc. arch. Tour.*, t. XIV (*Catalogue analytique de dom Housseau*, par E. Mabille), p. 360 (n°° 2965 et 2969); cfr. *Bull. Soc. arch.*, t. VI, p. 196. — Bibl. Tours, fonds Salmon, *Titres de Saint-Martin*, VII, p. 426 : « Burgenses castri novi Turonensis in... sancti Clementis... parochiis in ipso castro habitantes... ».

[2] Delaville Le Roulx, *Registres des comptes municipaux de la ville de Tours*, t. I, pp. 114, 115 : « Autre recepte d'une taillée faite et ordennée par lesditz esleuz sur les habitants des parroisses..... La parroisse de *Saint-Clement* : receu de Raoulin de Fourques, collecteur ordené. » PP. 190-191 : « A li pour le parpaier de vi escuz, qui li estaient deuz pour exccuter ceulx qui devoient le premier quarteron du fouage des parroissians de la Riche, *Saint-Clement...* » Cfr. à la table, pp. 428 et 432.

Ce fut là une occasion pour les principaux paroissiens de se montrer généreux, et le pape Innocent VIII, approuvant cette idée, accorda, par une bulle du 20 mars 1492, des indulgences à tous ceux qui visiteraient dévotement le nouvel édifice et contribueraient par leurs aumônes à son embellissement. Jean Briçonnet, époux de Jeanne Berthelot et premier maire de Tours, se fit particulièrement remarquer, et une inscription, placée dans le chœur, lui attribua même le titre de patron [1].

Cependant ce titre nous semble plutôt honorifique que réel, parce que l'aumônier de Saint-Martin, qui le portait auparavant, le conserva toujours jusqu'à la Révolution [2]. On célébra sans doute

---

[1] Guy Bretonneau, *Histoire généalogique des Briçonnets*, p. 19 : « Jean Briçonnet, receveur général des finances,... surnommé de son temps le Père des pauvres..., rebâtit et dota *l'église de Saint-Clément* à Tours (dont il était paroissien)..., épousa Jeanne Berthelot. » PP. 280 et suivantes : « Sa magnifique piété reluit en celle de *Saint-Clément* où ses armes parsemées aux voûtes..., joints à ce les *grands biens et revenus dont il la dota*, le font reconnaître pour restaurateur et comme nouveau fondateur de cette église ; et de fait, il en est tenu *par tradition* pour titulaire et patron... On chante tous les vendredis une messe haute à ordres, de quoi fait foi le tableau des obits et des fondations, que j'ai veu *dans le chœur* de la même église. » Innocent VIII « donna de fort riches indulgences à tous ceux qui marchans sur ses pas la visiteraient dévotieusement et contribueraient (à son imitation), de leurs aumônes, pour l'embellissement de la fabrique. » La bulle est ensuite traduite en français dans ce même ouvrage.

[2] Les pièces de la fondation Briçonnet étaient perdues dès le commencement du xviie siècle (Guy Bretonneau, *loc. cit.*), et son titre de patron ne lui était plus attribué que par *tradition* ; l'aumônier de Saint-Martin, au contraire, conservait soigneusement les siennes, et, en 1483, à l'époque même de Briçonnet, il avouait avoir « le patronage de l'église parrochiale de Saint-Clément de Tours (*Mém. Soc. arch. Tour.*, t. XXVIII, p. 164). » En 1781, il était encore officiellement qualifié de patron (*vid. sup.*, p. 30, note 4). D'après le droit canon, celui qui rebâtit une église entièrement ruinée peut acquérir le droit de patronage, si le premier patron refuse de payer les frais d'une reconstruction (*Encyclopédie, Jurisprudence*, vᵉ *Patronage*). Mais l'ancienne église Saint-Clément n'était peut-être pas ruinée, et, en tout cas, l'aumônier de Saint-Martin n'aura pas consenti à céder son droit de patronage. Quoi qu'il en soit, Briçonnet qui était un paroissien de Saint-Clément, un paroissien riche et généreux, et, qui plus est, maire de Tours, Briçonnet, dis-je, s'inscrivit en tête de la liste de souscription pour une offrande importante, afin d'aider l'aumônier de Saint-Martin à reconstruire son église de Saint-Clément. Les archives de cette paroisse nous ont laissé quelques traces de cette offrande : en 1483, il donna « trois parts par indivis d'une maison et ses appartenances située dite paroisse ; » il légua ensuite une rente de 98 livres pour acquitter la fondation mentionnée par l'inscription du chœur ; cette rente, encore payée en 1608, fut, en 1621, réduite par transac-

chaque vendredi une « messe haute de Notre-Dame, à Ordres, pour les Briçonnets », et le curé alla jusqu'à fournir « de deux cierges » pour cet office[1] ; mais il est à présumer que tout se borna à des prières et de l'encens à l'égard de ces bienfaiteurs, car la nomination du curé de Saint-Clément, l'attribut essentiel du droit de patronage, resta entre les mains de l'aumônier de Saint-Martin[2].

Cette nouvelle église est celle qui a subsisté jusqu'à nos jours, et que notre sympathique et savant président a étudiée surtout au point de vue archéologique[3] : aussi renonçons-nous à en faire admirer l'architecture et poursuivons-nous rapidement l'étude de nos papiers poudreux.

A partir de cette époque jusqu'à la Révolution, nous trouvons aux Archives départementales une série relativement nombreuse de documents se rapportant à Saint-Clément : mais le nombre ne fait pas la qualité, et, à part deux décrets archiépiscopaux qui nous permettront de dresser la carte de la paroisse et d'en donner les

---

tion à 73 livres 10 sols sur la terre de Groizon (à Saint-Symphorien). — Cfr. *Arch. départ.* G, 1002, pp. 10, 30, 66 ; G, liasse 1006, *Tableau des fondations de Saint-Clément.*

[1] Guy Bretonneau, *loc. cit.* — Ces prières étaient récitées par fondation, comme le prouve la note précédente, et chaque paroisse était chargée d'un grand nombre de fondations semblables ; sous ce rapport, le titre de fondateur attribué à Briçonnet ne signifie pas qu'il ait construit l'église à ses frais, mais qu'il y a institué ce qu'on appelle en droit une *fondation.* D'ailleurs, les prières mentionnées sur l'inscription du chœur furent modifiées en 1608 : la grand'messe avec *Subvenite* de chaque vendredi fut reportée au samedi ; les complies du dimanche, le salut devant Notre-Dame et le *Subvenite* furent supprimés; à la fin du XVIIIᵉ siècle, cette fondation fut encore réduite à seize grand'messes, plus quatre messes basses par an. Cfr. *Arch. dép.*, G, liasse 1006, *Tableau des fondations de Saint-Clément.*

[2] Le titre de patron n'était pas exclusif, et il pouvait y avoir dans une même église plusieurs co-patrons (cfr. *Encyclopédie, Jurisprudence,* vᵒ *Patronage*). Mais, à côté du droit plein de patronage emportant avec lui le droit de présentation, il y avait, comme démembrement, les simples droits honorifiques.

[3] Toutes ces questions relatives à Briçonnet, à ses armoiries et à l'inscription du chœur, sont plus amplement traitées dans la *Description* archéologique par M. Léon Palustre ; il faudra chercher là tout ce qui a rapport au monument et à sa décoration intérieure.

limites, nous ne voyons rien de particulier ni de bien remarquable à signaler.

Saint-Clément est une paroisse qui, comme toutes les autres, tient les registres de ses comptes et ne semble pas avoir un grand luxe d'ornements ni d'objets mobiliers [1] : tout au plus lit-on quelques mentions de chandeliers d'argent, l'achat d'une croix processionnelle [2], et la confection d'un calice avec un pot et une tasse d'argent légués par une demoiselle Louise Boutin [3]. Pour être complet, nous citerons les *Dames fabricières* qui étaient chargées de la quête [4], les croque-morts femmes [5], la vente de vieilles tapisseries [6] et un tableau mis en loterie [7].

Si cependant nous ne pouvons rien indiquer d'extraordinaire, nous voyons là comment fonctionnait, avant la Révolution, une paroisse dans tous les actes de sa vie journalière.

[1] *Arch. dép.*, G, 1003, p. 114 : le curé propose à la fabrique d'acheter d'occasion une robe de femme « d'une étoffe de satin brochée en or,..., pour la somme de deux cent quarante livres,... pour faire faire l'ornement nécessaire à cette paroisse. »

[2] *Arch. dép.*, G, 1003, pp. 50 (achat du calice et du chandelier du collège), 132 (chandeliers à vendre); G, 1004, f° 2 v° (vente de chandeliers d'argent); au 4 février 1753 (G, 1003, pp. 2-3), on trouve « l'achat pour 700 livres d'une croix d'argent pour processions, de douze marcs trois onces, ayant appartenu à Mme la duchesse de Rochechouart. »

[3] *Eod. loc.* (G, 1003), p. 10: poids de l'argent : 2 marcs 6 onces.

[4] *Eod. loc.*, p. 11 : il y avait des dames et des demoiselles qui quêtaient pour la fabrique et les pauvres.

[5] *Eod. loc.*, p. 95.

[6] *Eod. loc.*, pp. 120-121-122-123 : Délibération pour vendre les tapisseries, afin d'en employer le produit à faire blanchir l'église pour une somme de 123 livres, par « Bernard Boret, *blanchisseur d'églises* ». Ne retrouve-t-on pas là les tapisseries données par Marguerite Chemin, veuve Elie Goyet? Elle donna, en effet, en 1631, à la fabrique de Saint-Clément « sa belle tapisserie, composée de huit pièces en haute lisse. » Cette tapisserie était en 1657, dans l'église Saint-Clément (G, 1002, pp. 55 et 63).

[7] Ce tableau, « représentant la Visitation de la sainte Vierge, dit le *Magnificat*, de JOUVENET, peintre, » fut mis en loterie en 1769, car il était « par sa beauté d'un prix trop considérable pour espérer trouver facilement un acquéreur curieux qui veuille y mettre le prix. » L'affaire n'aboutit sans doute point, puisqu'en 1782 deux personnes de Paris demandèrent à l'acheter. (G, 1003, p. 90; 1004, f° 5 v° ; cfr. la *Description*.)

Il y a d'abord la *cure*, qui est une personne morale et qui possède les biens destinés aux besoins temporels du curé. Il y a, en second lieu, la *fabrique* qui comprend les biens attribués à l'entretien de l'église et aux frais du culte [1].

Les biens de la cure sont naturellement administrés par le curé qui les tient en bénéfice; mais ceux de la Fabrique, qui intéressent tous les paroissiens, sont administrés par un Conseil de Fabrique élu par l'assemblée générale des habitants [2].

Ce conseil avait alors un rôle qui n'est pas sans analogies avec

[1] Tous les titres de Saint-Clément contiennent cette distinction ; mais où elle est le plus apparente, c'est dans le décret de Mgr de Conzié (*Arch. dép.*, G, 1005). Ainsi les revenus du curé de Saint-Clément sont évalués d'une part, et ceux de la Fabrique de l'autre (p. 9); il en est de même pour la paroisse de Sainte-Croix (p. 8), et dans l'attribution des biens des paroisses supprimées (tit. Ier, art. 8, 9; tit. V, art. 3, 4). — La *Paroisse* doit aussi être distinguée de la *Cure* et de la *Fabrique* : la paroisse s'entend, au point de vue spirituel, de la circonscription territoriale, dont tous les habitants doivent recevoir les sacrements à telle église et non pas à telle autre; la paroisse n'a pas de *biens temporels*. Par suite, une maison appartenant soit à la cure, soit à la fabrique de Saint-Clément, peut parfaitement être sur le territoire d'une autre paroisse : c'est ainsi que la *cure* avait des vignes à Saint-Avertin. (*Arch. dép.*, G., 1005.)

[2] A l'origine, les biens dont l'Eglise fut comblée étaient administrés par un économe qui devait chaque année rendre compte à l'évêque de son administration (*Cod. Just.*, lib. I, tit. 2, c. 14; tit. 3, c. 41, § 5). Les revenus de chaque église étaient alors partagés en quatre parts, dont une pour le clergé et une pour les réparations de l'église, de la *fabrica*, comme l'appelle Grégoire de Tours (*Mém. Soc. arch.*, in-4°, t. I, p. 37) : de ce mot, nous avons fait la *fabrique*, pour désigner les biens dont les revenus servent aux réparations du monument et aux cérémonies du culte. De bonne heure, la part de la fabrique fut confiée à l'administration des clercs *marguilliers*, qui précisément étaient déjà chargés d'en employer les revenus pour la décoration et l'entretien du temple ; plus tard, on leur adjoignit parfois des laïques, qui composèrent même exclusivement le conseil de fabrique des paroisses rurales. A Saint-Clément, comme ailleurs, les fabriciers sont au nombre de deux, élus chaque année, par moitié et pour deux ans, dans l'assemblée générale des habitants assemblés au son de la cloche suivant l'usage et la manière accoutumée; il y a aussi un syndic élu pour un an et représentant en quelque sorte le maire de nos jours, et en outre trois commissaires pour contrôler les comptes. Lorsque les fabriciers délibèrent sur des choses de minime importance et sans convoquer l'assemblée des habitants, ils forment alors le *bureau des marguilliers*. Pour des détails plus précis, cfr. *Encyclopédie, Jurisprudence*, v[is] *Fabrique* et *Marguilliers* ; Babeau, *le Village sous l'ancien régime*, pp. 58 et suivantes, 131 et suivantes; *Arch. dép.*, G., 1003 (*passim*), et 1004 (*passim* et surtout pp. 16 et suiv.).

celui de nos conseils municipaux actuels ; il dirigeait les affaires de la paroisse, non seulement au point de vue du temporel de l'église comme les fabriciers d'aujourd'hui, mais aussi au point de vue administratif. Ainsi, il faisait procéder chaque année à la nomination de deux députés, qui s'adjoignaient au corps de ville pour certains votes importants, et ce sont les procès-verbaux des élections de ces députés et des fabriciers et syndics, qui remplissent la plus grande partie des registres de délibérations de la fabrique [1].

Les marguilliers étaient aussi chargés de répartir entre tous les contribuables les impôts assignés à la paroisse par l'intendant, et de faire rentrer ces impôts par les soins d'un collecteur. C'est pour cela que nous avons vu, au XIVe siècle, les habitants de Saint-Clément payer, par les mains de Raoulin de Fourques, les fouages et taillées établis pour la « cloeson et fortificacion » de la ville [2].

Au point de vue temporel, les fabriques, comme tout propriétaire soigneux, avaient, rangés dans des cartons, les titres des propriétés qui leur avaient été données, à charge souvent de certaines fondations de messes et d'anniversaires [3]. C'est ainsi que nous

[1] *Bull. Soc. arch.*, t. VI, pp. 208 et suivantes ; Babeau, *op. cit.*, pp. 58 et s., 131 et s. ; *Archiv. dép.*, G., 1003, pp. 6, 7, 8, 9, 26, 30, 38, 44, 61, 69, 105, 108, 128, 131 ; 1004, *passim*. — Les députés des paroisses formaient un corps de trente-deux notables, et les échevins étaient au nombre de vingt-quatre ; cette adjonction des notables pour les délibérations importantes des échevins rappelle l'*Adjonction* des plus imposés, supprimée dans notre nouvelle organisation municipale.

[2] H. Faye, les *Assemblées de la Généralité de Tours en* 1787, pp. 40 et suivantes ; J. Delaville le Roulx, *op. cit.*, pp. 114, 190, 191, 213, 214 et *passim*.

[3] Les titres et liasses de Saint-Clément sont déposés aux archives départementales dans la série G, sous les numéros 1002 à 1007 inclusivement. Le registre 1002 contient l'inventaire des titres qui sont au trésor de la fabrique et qui remontent jusqu'à 1434 : on y remarque (p. 35) un legs à la fabrique fait par la veuve Jean Gaudin de son manteau d drap noir, pour servir aux pauvres femmes relevées de gésine, et les fondations (pp. 45 et 69), pour dire vêpres et complies le dimanche. Les registres 1003 et 1004 contiennent les délibérations de la fabrique depuis 1752 jusqu'à la Révolution : outre ce que nous en avons

remarquons les offices célébrés pour Briçonnet, Christophe Patàs, Yves Pasquier et Robert Duchamp : des inscriptions ou des chapelles rappelaient aux fidèles les noms de ces bienfaiteurs de l'église [1].

Quant aux curés, nous n'avons pu en relever qu'une liste incomplète, et, pour la plupart, nous n'avons recueilli aucun renseignement sur leur administration : ils sont seulement mentionnés comme ayant fait leur testament, loué un immeuble ou bien accepté une transaction. Quand ont-ils été installés et quand sont-ils morts ? Il nous a été presque toujours impossible de répondre. Quoi qu'il en soit, voici, dans leur ordre de succession, les noms de ceux que nous avons rencontrés : Bonnefoy [2], Michel de Beaumont [3], Sodon [4], Etienne Rocher [5], Peloquin [6], Etienne Pihain [7],

---

dit, on y rencontre le détail de certains travaux à faire au clocher ou à l'intérieur de l'édifice (G., 1003, p. 133; 1004, pp. 1-3, 7-8, 115, 121) et le règlement de l'archevêque pour l'administration des fabriques (G., 1004, pp. 16 et suiv.). Sous les numéros 1005 et 1006, sont des liasses contenant diverses pièces et surtout (1005) le décret de réunion des paroisses de Sainte-Croix, de l'Écrignole et de Saint-Denis aux paroisses voisines, ainsi que (1006) le tableau des fondations de Saint-Clément. Le registre 1007 est le sommier des rentes avec la recette et la dépense de 1772 à 1789. — Cfr. de Grandmaison, *Inventaire des archives départementales, loc. cit.* ; vid. infr., *Description*.

[1] Arch. dép., G, 1006, *Tableau des fondations de Saint-Clément.* — Pour la fondation Briçonnet, *vid. sup.* (pp. 34-35); pour les quatre, cfr. la *Description*, chapitre des inscriptions; pour la fondation Patas, cfr. G, 1002, p. 69.

[2] Cité en 1384, dans un acte d'acquêt (G, 1002, p. 30).

[3] Cité en 1498-1499 dans un bail (G, 1002, p. 11); il a fait son testament en 1501 (*eod. loc* p. 46; 1003, p. 83), par lequel il donna à la cure des vignes situées à Saint-Avertin (G, 1005, petite liasse n° 9, sur les vignes de la cure).

[4] Cité en 1602, dans un bail (G, 1002, p. 22); en 1621, il figure dans une transaction avec l'ayant-droit de Jean Briçonnet (p. 66); encore mentionné en 1626 dans une fondation (p. 26).

[5] Cité comme ayant fait son testament en 1640 (G, 1002, p. 7).

[6] Déclaration faite par lui des vignes de la cure; titre sans date du milieu du xviie siècle (G, 1005, petite liasse n° 9).

[7] Cité en 1659 (G, 1005, petite liasse n° 9); en 1664 (G, 1002, p. 6); en 1669 (G, 1005, *eod. loc.*); en 1670 (G, 1005, bail de la maison de la rue de la Bourde); en 1676 (*eod. loc.* et 1002, p. 70), en 1680 (G, 1005, bail de la maison), et en 1685 (G, 1005, bail des vignes); en 1647, on trouve (G, 1002, p. 8) *Jean* Pihain, prêtre, vicaire de Saint-Martin.

is Thomas [1], Yves Pasquier [2], Pierre Menard [3] et René Grignon [4].

Mais, si nous ne pouvons donner que peu de détails sur chacun

x, les documents sont nombreux sur l'administration du dernier,

à cette époque, les circonscriptions ecclésiastiques de la ville

nt à plusieurs fois profondément modifiées, et il prit part à ces

sformations [5].

Cité en 1692, dans le bail de la maison, rue de la Bourde (G, 1005).

Cité par l'inscription trouvée sur l'emplacement du maître-autel de Saint-Clément; inscription relate la pose de la première pierre de cet autel le 9 mars 1716, par asquier, curé de la paroisse (l'inscription a été déposée au musée de la Société archéo-1e; cfr. infr., *Description*). Le tableau des fondations (G, 1006) indique que le 9 mars 1716 te a été passé devant notaires, par lequel la fabrique s'oblige, à la suite d'une délibéra-1e la paroisse, de la même date, à faire acquitter une fondation pour Yves Pasquier; 1aque de cuivre placée dans le chœur au pilier du côté droit mentionnait ce fait. La 1dence de ces deux dates, sur l'inscription et sur le titre de fondation, établit que c'est e même Pasquier. On le trouve encore cité en 1718, dans un titre de fondation (G, 1002, — A la page 65 de ce registre, on lit le nom de *M. Pasquier curé*, mais c'est dans une 1 de titres de procédure, donnés comme étant des années 1491-1657 et concernant une de 50 livres assise sur une maison de la rue de la Grosse-Tour : cette rente était due 1ure par Jean Douet.

1ité en 1720, 1724, 1730, 1739, 1745, dans le bail de la maison de la rue de la Bourde, 05); en 1733, il est nommé commissaire par le bureau de l'Hôtel-Dieu, à l'effet de s'en-e avec l'aumônier et les délégués du chapitre de Saint-Martin, pour démolir le bâti-de l'aumône (G, 424); l'*État du diocèse de Tours en* 1736 le cite également comme curé int-Clément (Bibl. de Tours, ms. n° 1236).

Les baux déjà cités le mentionnent à partir de 1748, et les registres de la fabrique 03 et 1004) à partir du 1er décembre 1752; il exerçait néanmoins ses fonctions depuis 1e 1745 (G, 1003, pp. 135, 136), et il les continua jusqu'à la Révolution. Le reste de notre tre s'occupant de ce qui s'est passé sous son administration, il est inutile d'en dire ici long. Rappelons cependant qu'il fut échevin de l'hôtel-de-ville (G, 1005, bail du 1rier 1784).

Nous avons également trouvé quelques personnages célèbres, qui ont été les parois-de Saint-Clément. Cfr. sur le R. P. dom Isaïe Jaunay, *Histoire de Marmoutier*, t. II . Soc. arch., t. XXV), p. 441 et suivantes : il fut religieux de Marmoutier et général de 1grégation gallicane. « Jean Jaunay, son père, et Marie Giron, sa mère, étaient mar-1s dans la paroisse de Saint-Clément. » Consacré le 5 mai 1577, il fit profession le 7 jan-.583, et, en 1594, il alla à Chartres porter la sainte ampoule pour le sacre de Henri IV. 1rut à Marmoutier le 24 octobre 1619, âgé d'environ cinquante-huit ans. — Sur Jean-Louis 1el, cfr. *Archiv. dép.* G, 1003, p.36 : il fut fabricier de la paroisse Saint-Clément. Il a, en signé en cette qualité derrière le tableau de Jouvenet, pour éviter la supercherie de qui auraient été tentés de le changer (G., 1004, f° 5 v°).

En effet, le mouvement paroissial que nous avons mentionné au moyen âge, avait fait ériger en églises beaucoup de chapelles de couvent ou de château, et avait fini par créer en quelques villes une certaine quantité de petites paroisses qui subsistèrent aussi longtemps que les dotations des fondateurs ; mais les pillages successifs qui dévastèrent la Touraine et la dépréciation continuelle de l'argent réduisirent ces dotations à fort peu de chose et ces églises à la plus grande détresse.

Cette situation frappa l'attention des archevêques, et l'un d'eux la résumait ainsi dans les considérants d'un mandement : « Le grand nombre des paroisses établies en la ville de Tours nuit également à la décence du service divin, à la dotation des cures et à celle des fabriques ; les places des vicaires et autres ecclésiastiques employés dans le ministère ne suffisant pas à leur subsistance, il était difficile de trouver des sujets qui voulussent les remplir, et qui eussent les talents nécessaires pour des emplois aussi importants ; d'ailleurs la distribution irrégulière du territoire de ces paroisses et les enclavements multipliés de l'une dans l'autre produisaient de grands inconvénients, auxquels il serait aisé de remédier par une seule et même opération [1]. »

[1] *Archiv. dép.*, G, 1005 : *Décret de Mgr de Conzié* du 22 janvier 1781 (p. 1). Ce décret est imprimé et forme une petite plaquette in-4°, fort intéressante pour la topographie des paroisses de Tours. — « Le curé de Saint-Clément perçoit de sa fabrique un gros de 300 livres et 144 livres 14 sols 2 deniers pour les fondations; il jouit encore d'un jardin affermé 20 livres 5 sols et de 109 livres 7 sols de rentes en différentes parties, sur lequel revenu il paie tant pour les fondations qu'aux vicaires 106 livres. La fabrique de ladite paroisse de Saint-Clément jouit de 1278 livres 11 sols 6 deniers de revenu, tant en rentes que loyer de chaises, et elle est grevée de 1218 livres 16 sols 6 deniers de charges, tant en gros dû à M. le curé, indemnités aux seigneurs qu'en réparations : les deux vicaires n'ont de fixe que chacun 75 livres que leur paie la fabrique, et 36 livres qu'ils retirent des fondations, le surplus de leur dotation dépendant du casuel des messes (p. 9). » En 1789, les recettes étaient de 2820 livres et les dépenses de 2869 livres (cfr. G, 1006). — Les autres paroisses ont également leurs revenus indiqués.

Dès l'année 1773, Mgr de Fleury, par décrets rendus exécutoires seulement en 1777 par Mgr de Conzié, avait supprimé Saint-Pierre-du-Chardonnet et Saint-Simple. La paroisse Saint-Clément hérita d'une partie de cette dernière, de tout ce qui dans l'intérieur des murailles de la ville, n'était pas attribué à Saint-Venant [1]. Mgr de Conzié poursuivit la réforme commencée. En 1781, il éteignit Saint-Denis, Sainte-Croix et Notre-Dame-de-l'Écrignole, dont le nombre total des habitants s'élevait seulement à 1750, et dont les églises, « rapprochées les unes des autres dans un très petit espace », étaient fort exiguës, peu solides, et en mauvais état. Celle de Saint-Denis en particulier était « resserrée au milieu des maisons, sans entrée et sans espoir de s'en procurer, et dans une obscurité à laquelle il ne serait jamais possible de remédier [2]. »

Mgr de Conzié profita de cette suppression pour remanier le plan

[1] *Archiv. dép.*, G, 993, *Ordonnance de M. de Conzié*, du 4 juin 1777 (cfr. *Mém. Soc. arch.*, t. XXXII, pp. 279-280). — L'église Saint-Simple était tout près de Saint-Clément, aussi les deux paroisses se joignaient-elles. Elle comprenait le faubourg de Saint-Éloi, qui fut attribué à Saint-Venant, et des maisons hors des murs de la ville qui furent annexées à Saint-Jean-de-Beaumont. Que restait-il dans la ville? Les maisons situées près de l'église et toutes celles qui bordaient la rue de la Bourde, du côté sud. Nous trouvons, en effet, en 1784, «une maison située rue de la Bourde, paroisse de Saint-Clément, *par la réunion de partie de celle de Saint-Simple*; » et la désignation l'indique à côté des Capucines (G, 1005, bail du 21 février 1784). Cfr. G, 1027, vente en 1712, par un jardinier demeurant à Tours, rue de la Bourde, *paroisse Saint-Simple*. — Sur l'origine de Saint-Simple, cfr. Mabille, *Div. territ.* p. 134; Monsnyer, *op. cit.*, p. 167 ; supr., p. 24, note 1.

[2] *Archiv. dép.* (G, 1005), *Décret cité, passim.* — Saint-Denis comptait 500 habitants, Notre-Dame-de-l'Écrignole, 600, Sainte-Croix, 650. — L'origine de l'Écrignole nous est suffisamment connue par notre premier chapitre (cfr. Mabille, *op. cit.*, pp. 117-118); quant à Saint-Denis, peut-être n'a-t-il été d'abord qu'un démembrement de l'abbaye de Notre-Dame, qui, nous l'avons vu (cfr. sup., pp. 9-10), était également consacrée à Saint-Denis. Le voisinage des deux édifices permet au moins de le supposer; en tout cas, les premiers documents certains ne remontent qu'au xie siècle (cfr. Mabille, *op. cit.*, p. 106). — Sainte-Croix, au contraire, a une origine célèbre : elle a été fondée par sainte Radégonde pour y déposer les reliques de la vraie Croix en attendant que l'évêque de Poitiers voulût bien les recevoir (cfr. Mabille, *loc. cit.* ; Barbier de Montault, *le Trésor de Sainte-Croix*, p. 109).

général des paroisses de la ville, et faire disparaître certains « enclavements nuisibles » à leur bon gouvernement. Le décret qu'il a rendu est si détaillé qu'il nous a permis de fixer les limites de Saint-Clément.

On voit, d'une façon générale, qu'elles comprenaient, avant la nouvelle circonscription, toutes les maisons situées au nord et à l'ouest de l'église, dans les rues des Trois-Ecritoires et de la Serpe, et celles qui se trouvaient de chaque côté des deux grandes rues des Fossés-Saint-Martin et des Récollets jusqu'au ruau Sainte-Anne, ainsi que les maisons de plusieurs petites rues voisines, ce qui donnait alors quinze cents habitants [1].

Mais, par suite du remaniement des paroisses, tout ce qui était au nord de la rue des Récollets fut annexé à Notre-Dame-la-Riche [2]; Saint-Clément reçut alors en compensation le territoire de Sainte-Croix [3], servit de station à certaines processions qui, auparavant, se

[1] Décret cité, pp. 2 et 9. — Il avait été décidé (p. 5) que, dans l'enquête préparatoire, il serait fourni par les sieurs curés et fabriciers une déclaration qu'ils certifieraient véritable *du nombre des habitants* de leurs paroisses respectives ; » c'est précisément le chiffre de 1500 (p. 9) qui est attesté par l'enquête ; cfr. p. 2.

[2] *Archiv. dép.* (G, 1005), décret cité, *passim* (voir les articles exécutoires à la suite des considérants : tit V, *concernant la paroisse de Saint-Clément*; tit. VI. art. 1 ; tit. VII, art. 2). Saint-Clément dut céder à Notre-Dame-la-Riche « quatre-vingt-onze maisons situées rue Saint-Martin, rues des Récollets, de Saint-Claude, des Boulevards, dans le Genève, rue Montmartre et ruau Sainte-Anne. » La même paroisse abandonna à Saint-Pierre-le-Puellier « environ vingt-quatre maisons », pour recevoir en retour de Notre-Dame-la-Riche « vingt-quatre maisons de la Grand'Rue. » — La *fabrique* de Saint-Clément reçut tous les biens de la *cure* de Sainte-Croix (ceux de la *fabrique* furent affectés à la fabrique de Saint-Hilaire) ; « sur les revenus des biens, rentes, maisons et portion de mobilier unis à la dite fabrique », il fut « prélevé en faveur du sieur curé, la somme de 50 livres, pour indemnité de la dîme » perçue sur « les fonds et domaines situés près de l'hospice général de la Charité, le long de la rue Montmartre et du ruau de Sainte-Anne, » lesquels immeubles furent incorporés à Notre-Dame-la-Riche; le surplus des revenus fut partagé en quatre parts égales, dont une pour la fabrique, une pour le curé et les deux autres pour être « partagées entre les vicaires de la paroisse par égales portions (Décret cité, tit. V, art. 3, 4 ; tit. VI, art. 5 ; cfr. p. 22). » Cfr. *Mém. Soc. Arch.*, t. XXXII, p. 269-270.

[3] Le plan que nous donnons (pl. xv) est la réduction d'une partie du grand plan encadré

rendaient à cette église [1], et desservit trois chapellenies qui y étaient également desservies [2]. Le curé reçut les registres d'état civil, et la fabrique obtint tous les biens de la cure de Sainte-Croix et une indemnité spéciale de 600 francs pour acquitter les dettes contractées, afin de mettre son église en état de recevoir les nouveaux habitants incorporés au nombre d'environ trois cent vingt-huit [3].

qui se trouve dans la salle de la Société archéologique. Plusieurs détails, notamment aux environs de Saint-Clément et de Saint-Simple, ont été rectifiés d'après un plan du cloître de Saint-Martin inséré dans le registre 381 (série G) des *Archiv. dép.*, et publié par la Commission de l'œuvre de Saint-Martin, au début de ses travaux. Deux registres de plans visuels (G, 377 et 380) ont été également consultés, ainsi qu'une foule d'indications éparses dans diverses liasses et signalées dans les notes qui accompagnent notre texte. Le plan cadastral de la ville de Tours indique aussi l'état des lieux avant les grandes modifications qui ont été apportées de nos jours au quartier du marché. — En ce qui concerne la délimitation des paroisses, le tracé n'est qu'approximatif sur certains points : pour arriver à un résultat exact, il faudrait dépouiller tous les documents qui se rapportent aux diverses églises et procéder à un plan d'ensemble.

[1] *Archiv. dép* G, 1005, Décret cité, p. 9; « comparution des sieurs chanoines et chapitre de l'église de Saint-Martin..., lesquels... auraient requis qu'il nous plût d'ordonner que, pour leur tenir lieu de la station en l'église de Sainte-Croix le premier vendredi de carême, ils fussent reçus en l'église *Saint-Clément*..., que la procession de leur dit clergé, qui a coutume d'aller tous les ans faire une station à l'église de Sainte-Croix, le vendredi de la semaine de la Passion sera reçue tous les ans le même jour dans l'église de *Saint-Clément*, avec les cérémonies accoutumées... » Cfr. les articles correspondants du dispositif.

[2] Décret cité, p. 18, tit. Ier, art. 3 : « Avons transféré et transférons en l'église paroissiale de Saint-Clément, les titres des trois chapellenies, fondées et desservies jusqu'à ce jour en l'église de Sainte-Croix, dont l'une est sous l'invocation de Notre-Dame-de-la-Conception, autrement dite des Grenadons (cfr. même liasse, charte de 1726), les deux autres sous celle de Saint-Barthélemy (l'une fut fondée en 1483, par Jean Berthelot, allié des Briçonnet, cfr. même liasse); pour le service des dites chapelles être fait et les fondations d'icelles acquittées en ladite église de Saint-Clément, ainsi qu'elles l'étaient en celle de Sainte-Croix. » Les matines, vigiles, saluts et *subvenite* furent commués en messes basses pour les paroisses éteintes (art. 5). « Les plaques, inscriptions et épitaphes étant ès-dites églises des paroisses supprimées ci-dessus, seront transférées, sçavoir... ensemble celle de la fondation faite par les sieur et dame Renou, placée en l'église de Sainte-Croix, les deux autres plaques de cuivre attachées au pilier de la Sainte-Vierge et de Saint-Barthélemi en ladite église de Sainte-Croix, seront transportées en l'église de Saint-Clément (tit. VIII, art. 3). » Cfr. *Description*, chapitre relatif aux inscriptions.

[3] *Eod. loc.*, tit. I, art. 13 : « les registres des baptêmes, mariages et sépultures desdites paroisses supprimées, seront remis, sçavoir : ceux de Sainte-Croix au sieur curé de Saint-Clément, pour être lesdits registres réunis à ceux des dites paroisses respectives, et par

Mais la paroisse Saint-Clément ne devait pas jouir longtemps de cet accroissement de territoire. Le décret sur la constitution civile du clergé vint bientôt changer complètement l'administration ecclésiastique de la ville de Tours, car l'Assemblée nationale ne décida rien moins qu'une « nouvelle formation et circonscription de *toutes* les paroisses du royaume [1] ».

Les directoires de district furent chargés de cette opération, avec le concours des municipalités, et procès-verbal dut être dressé de ces travaux, pour être transmis, avec l'avis du directoire de département, à l'Assemblée nationale [2].

Pour se conformer à cette nouvelle législation, le conseil général de la commune de Tours demanda que la ville ne comprît plus que quatre paroisses. C'était précipiter d'un seul coup la réforme que les archevêques avaient commencée de leur propre initiative : sans doute, beaucoup d'églises secondaires tombaient en ruines et avaient des ressources trop minimes pour entretenir

---

lesdits sieurs curés en être délivré des extraits ainsi qu'il appartiendra. » Cfr. p. 2 ; art. 8, 9. 10, 11, et tit. V, art. 3.

[1] Dalloz, *Répertoire alphabétique*, v° *Culte*, série chronologique des lois et décrets : Déc. du 12 juillet-24 août 1790 sur la Constitution civile du clergé, tit. I, art. 1 : « Chaque département formera un seul diocèse, et chaque diocèse aura la même étendue et les mêmes limites que le département. » Art. 6 : « Il sera procédé incessamment et sur l'avis de l'évêque diocésain et de l'administration du district, à une nouvelle formation et circonscription de toutes les paroisses du royaume. » Art. 19 : « La réunion qui pourra se faire d'une paroisse à une autre, emportera toujours la réunion des biens de la fabrique de l'église supprimée à la fabrique de l'église où se fera la réunion. »

[2] *Archiv. municipales*, REGISTRE DES DÉLIBÉRATIONS *du Conseil général de la commune*, t. I, f° 92 v° (séance du 1er février 1791) : « M. le président a lu une lettre du procureur-syndic du district de Tours, qui demande l'avis du conseil général de la commune sur le nombre et la circonscription des paroisses de la ville. — La matière mise en délibération, le Conseil a été d'avis qu'il y eût quatre paroisses dans la ville, savoir : Saint-Gatien, Saint-Martin, Notre-Dame-La-Riche et Saint-Symphorien. » Une commission fut nommée pour dresser cette circonscription.

décemment le culte; mais laisser la solution de problèmes aussi importants aux nouvelles municipalités, c'était exposer un grand nombre de monuments intéressants aux plus irréparables désastres. La ville de Tours, jadis si riche en édifices religieux, allait de la sorte voir quelques-uns des plus beaux servir aux plus vils usages, et l'autorité ecclésiastique était à peine consultée pour opérer cette désaffectation [1].

Cependant, au point de vue administratif, il faut reconnaître que la nouvelle circonscription paroissiale de Tours, proposée par le conseil général de la commune le 4 février 1791 et autorisée par décret de l'Assemblée nationale des 9-17 avril suivants, était parfaitement comprise et répondait à tous les besoins des fidèles: les limites étaient régulières et faciles à saisir et les églises étaient assez bien situées au centre du territoire qu'elles avaient à desservir [2].

[1] Dalloz, *Op. et loc. cit.* Déc. 15-24 nov. 1790 : « Les directoires de district procéderont sans retard à la nouvelle formation et circonscription des paroisses (art. 12); » l'évêque sera requis de concourir à ce travail, mais *on passera outre*, en son absence ou sur son refus (art. 13); les municipalités procéderont à cette circonscription (art. 14), dresseront procès-verbal des motifs d'extinction ou d'érection des paroisses (art. 15), transmettront leur travail au directoire de district, puis au directoire de département, puis à « l'Assemblée nationale pour y être décrété (art. 16). » — Sur la nouvelle organisation administrative, cfr. Laferrière, *Essai sur l'histoire du droit français*, 2ᵉ édition, t. II, pp. 68 et suiv.

[2] *Archiv. municipales*, *cod. loc.*, t. I, fᵒ 95 : la commission fit son rapport à la séance du 4 février et le transmit le lendemain au directoire de district. Ce rapport intéressant se trouve *in-extenso* fᵒˢ 95 vᵒ et 96. Voici ce qui touche à l'église Saint-Clément : « 2ᵉ qu'à l'église de Saint-Martin seront réunies en tout ou en partie les paroisses de Saint-Hilaire, Saint-Saturnin, Saint-Venant, Saint-Pierre-le-Puellier, *Saint-Clément* et Notre-Dame-la-Riche; que cette paroisse sera composée dans l'*intra muros* du côté du couchant de la rue Neuve, depuis l'extrémité du pont neuf jusqu'à la grille de fer: d'autre part par le mail, depuis la grille de fer jusqu'à la rue Chanoineau; du côté du levant de la rue Chanoineau, de la place d'Aumont, de la rue des Fossés-Saint-Clément, de la rue des Fossés-Saint-Martin, la place Victoire et la continuation de la rue Saint-Martin jusqu'à la rivière; d'autre part, à partir de ce point appelé quay de Bretagne, par la rivière jusqu'au bout du pont neuf; sera réunie à cette paroisse l'île située au milieu de la rivière, appellée vulgairement l'île Simon. — 3ᵉ Qu'à l'église Notre-Dame-la-Riche sera réunie une partie de la *paroisse de Saint-Clément...* » — *Bibliothèque municipale*, FONDS TASCHEREAU, liasse 564, Délibérations du directoire de départ.,

La paroisse Saint-Clément, qui s'était agrandie aux dépens de ses voisines, fut à son tour supprimée ainsi que Saint-Hilaire, Saint-Saturnin, Saint-Venant et Saint-Pierre-le-Puellier. La collégiale Saint-Martin fut alors érigée en paroisse et engloba dans sa juridiction les cinq que nous venons de nommer. D'après les lois en vigueur, un curé dut y être élu parmi ceux des paroisses qui lui étaient annexées : aussi René Grignon, curé de Saint-Clément, qui avait prêté le serment constitutionnel le 16 janvier 1791, fut-il nommé curé de Saint-Martin [1].

Il y transporta aussitôt ses registres et, dès le 29 mai suivant, nous voyons les fabriciers assemblés « à l'entrée de la nef... en

pièce 8 : « considérant que, suivant un décret de l'Assemblée nationale du 9 avril dernier (1791), sanctionné le 17, il ne doit plus y avoir dans la ville de Tours que quatre paroisses, qui seront celles de Saint-Gatien, Saint-Martin, Notre-Dame-la-Riche et Saint-Symphorien, et deux oratoires, auxquels serviront l'église de Saint-Pierre-des-Corps et celle du ci-devant chapitre du Plessis-lès-Tours. » Ce serait en dehors de notre sujet de nous étendre sur l'organisation de l'église constitutionnelle de Tours ; mais ceux qui voudraient étudier cette question trouveraient dans le fonds Taschereau plusieurs plaquettes intéressantes, publiées à Tours à cette époque : le curé de Faye-la-Vineuse fit alors beaucoup de bruit dans la presse.

[1] Comme l'indique la note précédente, la paroisse Saint-Clément ne fut pas entièrement annexée à Saint-Martin, mais il y eut l'église et le territoire contenant la population la plus dense ; toute la partie à l'ouest de la rue des Fossés-Saint-Clément fut réunie à Notre-Dame-la-Riche. Dans la nouvelle circonscription paroissiale après le Concordat, cette délimitation fut consacrée, mais ce fut la paroisse Saint-François-de-Paule, devenue plus tard celle de Saint-Julien-Saint-François, qui engloba la partie de Saint-Clément jadis annexée à Saint-Martin. Le décret des 19-24 novembre 1790 porte que (Dalloz, *op. et loc. cit.*) « si le service paroissial des églises supprimées est transféré dans une église qui n'avait point le titre de paroisse .., le curé de la paroisse nouvellement formée et circonscrite sera élu par le district dans la forme établie par les décrets sur la Constitution civile du clergé, mais les électeurs ne pourront choisir, pour cette fois, que l'un des curés des églises supprimées et transférées. » — *Archiv. mun.*, REGIS. DÉLIB. CONS. GÉN., t. I, f°ˢ 73 et 74 (séance du 16 janvier 1791) : le Conseil général se divise en groupes pour se rendre aux messes paroissiales des diverses églises, afin de recevoir le serment constitutionnel des ecclésiastiques ; à « *Saint-Clément*, M. René Grignon, curé de ladite paroisse, a fait aussi à l'issue de la grande messe le serment exigé, en présence d'un grand nombre de fidèles et à l'acclamation de tous les assistants. » — *Arch. départ.*, G. 1004, f° 58 r° : « Du mardy 7 juin 1791, dans l'Assemblée où étaient MM. *Grignon* curé... et Rollat, vicaire de *Saint-Martin*. »

attendant un lieu qui sera destiné à cet effet; » le 24 juillet, ils se réunissent dans le chœur et délibèrent sur le règlement des affaires des fabriques supprimées. Ils statuent ensuite sur l'organisation du culte, la nomination du personnel et l'ordre des sonneries [1].

Mais René Grignon ne devait pas rester longtemps à la tête de la paroisse Saint-Martin [2]. Le 15 juillet 1792, Claude-Alexandre Ysabeau, oratorien et préfet du collège de Tours, était installé à sa place et prononçait, devant la municipalité, un discours éloquent qui nous a été conservé. Cependant, après avoir proclamé ce jour-là qu' « il faudrait qu'un Pasteur pût dire au Peuple avec autant de confiance et de vérité que le Fils de Dieu : qui de vous me convaincra de péché? » il fut bientôt élu député à la Convention, vota la mort de Louis XVI, s'attacha à « *saigner* fortement la bourse des riches », et se dépouilla « avec indignation du costume de l'imposture et de la cafardise ! »

Nous ne suivrons pas plus loin ce personnage que, d'après la constitution civile du clergé, « les *suffrages du Peuple* » appelèrent « à une des places les plus importantes dans le ministère évangélique [3]. » Avec lui nous tombons en pleine Révolution, le culte cesse

---

[1] *Arch. départ.*, G. 1004, f° 57 r° : Le bureau de la fabrique de Saint-Clément tint sa dernière réunion le 7 mars 1791 pour la reddition des comptes de 1788 et 1789. Puis, après une page blanche on lit (f° 58 r°) : « Aujourd'huy dimanche, 29 may 1791, issue de la grande messe paroissiale de cette *paroisse de Saint-Martin*, assemblée a été tenue, après convocation préalablement faite, à l'entrée de la nef de la dite église, en attendant un lieu qui sera destiné à cet effet... » Le 7 juin, nouvelle assemblée pour nommer les bedeaux, marguilliers, etc., et pour régler le parcours de la procession de la Fête-Dieu ; le 27 juin, on fixe le loyer des chaises, les sonneries. Le 24 juillet (f° 59 v°), « issue de la grande messe dite et chantée en l'église de cette *nouvelle paroisse de Saint-Martin*, assemblée a été tenue dans le chœur d'icelle, » pour régler les affaires des paroisses supprimées, organiser le culte de la nouvelle paroisse, fixer les heures des messes et nommer le personnel (quatre contrebasses, deux *serpents*, quatre bedeaux, le suisse, l'organiste, deux souffleurs.....)

[2] *Archives de l'Archevêché*, liste des assermentés : René Grignon mourut à Tours.

[3] *Bibl. mun.*, fonds Taschereau, liasse 583, plaquette n° 4 : « Discours prononcé par

d'être pratiqué et les édifices religieux se convertissent en écuries.

Mais ces questions, qui méritent une étude spéciale, sont en dehors de notre sujet, puisqu'à ce moment l'église Saint-Clément, déjà désaffectée, était sur le point d'être vendue, et que le Concordat ratifia sa suppression.

Telle est l'histoire de cette paroisse. Sans avoir de brillantes pages à son actif, elle ne nous initie pas moins à la formation, à l'administration et à l'agrandissement successif d'une bonne paroisse de ville au moyen âge et dans les temps modernes. Nous voudrions avoir pu nommer tous les curés qui la dirigèrent pendant tout ce temps, et dire ce que chacun a fait pour le bien des âmes ou l'embellissement de l'église, mais les rares documents que nous avons rencontrés sur ce sujet ne nous ont permis que d'en dresser une simple liste incomplète : le seul, dont l'administration nous a laissé des traces importantes, est René Grignon, qui vit les paroisses voisines s'annexer à la sienne. Ce ne fut cependant pas pour longtemps, car la Révolution vint bientôt faire de la belle église Saint-Clément une vulgaire halle au blé.

Claude-Alexandre Ysabeau, curé de Saint-Martin-de-Tours, lors de son installation, le dimanche 15 juillet 1792. » Ce discours est précédé de celui que prononça le maire de Tours, pour la même circonstance, et qui débute par ces mots : « Citoyen, *pasteur patriote*,... » Cfr. *Mém.Soc. Arch.*, t. XXXII, p. 442.

CHAPITRE III

LA HALLE SAINT-CLÉMENT

Un diplôme de Louis le Gros, de 1119, nous apprend que la reine Bertrade avait donné aux chanoines de Saint-Martin la part qu'elle possédait du droit sur la vente de la viande et du pain dans la ville de Tours [1]. Voilà donc, déjà, des taxes établies sur les deux bases de l'alimentation de l'homme.

Si nous descendons au xive siècle, nous trouvons de nombreuses impositions sur le blé, la viande de boucherie, l'épicerie, la farine, le miel, le pain, la pâtisserie, le poisson, le sel, le vin et la volaille : ces droits étaient affermés à tant par an et le fermier les percevait d'après un tarif fixe [2].

Dès cette époque, le marché se tenait à Tours le samedi : tout le blé qui s'y vendait était frappé d'une « imposicion de xii d. pour

---

[1] *Panc. N.*, n° CXXII; ce diplôme a été renouvelé en 1143 (D. Housseau, n° 1395, 1700, 1701). *Titres de Saint-Martin*, fonds Salmon, ms Bibl. Tours, t. VI, p. 194 : « Quidquid etiam Bertrada regina a Philippo patre nostro in pago Turonico tenuit et possedit, videlicet partem quam.... habebat... in *venditione carnis et panis* in civitate. » — Cfr. *eod.op.*, pp. 199, 245, 247; Monsnyer, *op cit.*, pp. 215 et CXLIX.

[2] J. Delaville le Roulx, *Registres des comptes municipaux de la ville de Tours, passim;* cfr. surtout, t. I, table alphabétique, v^o *Impositions, Paroisses*.

livre, » et ce droit produisait 73 sols 4 deniers par mois [1]. La viande de boucherie était également soumise à une taxe de 2 sols par livre sur le prix de vente, et le « trépas des dictes bestes » variait de 6 deniers pour un bœuf à 2 deniers pour un mouton ; la taxe rapportait 1000 livres et le trépas 800 [2].

Mais ces impôts étaient destinés à la « cloeson et fortificacion » de la ville de Tours, lorsque la Cité et Châteauneuf furent réunis dans la même enceinte pour mieux résister aux Anglais [3].

Tout autre est le droit d'*étalage, hallage et minage* qui appartenait au seigneur de la localité [4] : il est la rémunération directe d'un service public.

En effet, celui qui amène son blé au marché a besoin, pour le déposer et le montrer aux acheteurs, d'un emplacement à l'abri des intempéries des saisons : il le trouve à la halle qui est construite dans ce but ; il est donc juste qu'il paye la location de l'espace qu'il occupe. Il a encore besoin d'une mesure ou d'un poids qui soit en dehors de toute discussion quant à la grandeur et quant à la justesse : précisément à la halle, il y a une mesure étalonnée qui fait loi entre les parties contractantes, quelles qu'elles soient. De plus,

---

[1] *Op. cit.*, t. I, p. 5 : compte de l'année 1358-1359, n° 8 : « De Guillemin Aspremont, pour l'imposicion de XII d. pour livre du blé vendu ou marchié de Tours au SBMADI, à lui affermé à LXXIII s. IV d. pour mois. — S. de ce que G. Apremont a paié : VIII esc. II s. VI d. ob. »

[2] *Op. cit.*, t. I., n°[s] 52, 532 et 1075 ; cfr. table alphabétique, v° *Impositions : — boucherie, — chair*.

[3] *Op. cit.*, t. I, p. 1 : « Prets, treuz, fermes et imposicions, ordennez et imposez pour le fait du gouvernement, cloeson et fortificacion de la ville de Tours. »

[4] Dufrémentel, *Commentaire sur la Coutume de Touraine*, t. I, p. 700, n° IX ; cfr. n° X : ce droit « tire son origine de l'art 62 (de la coutume de Touraine), qui permet au seigneur châtelain ou autre supérieur, de mettre aulnes, poids, balances, crochets et mesures, et d'instituer arpenteur, messier et mesureur. » Un étalon de la mesure doit être déposé à l'hôtel-de-ville, et le droit ne peut être établi que par un titre ou par l'usage. — Cfr. p. 699, n° II : « Les blés, grains, farines et légumes, verts ou secs, ont été affranchis de tous droits de péage et autres, tant par eau que par terre (arrêt du conseil du 10 novembre 1739). »

cette mesure, ce boisseau, cette balance, ces poids ne peuvent pas être laissés entre les mains du premier venu et doivent être entretenus en bon état de fonctionnement : un préposé à cet office devient nécessaire, et le seigneur qui le salarie a le droit de percevoir un loyer pour ces divers services [1].

« Le bien public semble au reste exiger que tous les grains soient conduits au marché ou à la halle, afin d'éviter les fraudes ambitieuses qui pourraient altérer l'abondance, pour faire même que le peuple puisse se pourvoir commodément ; c'est ce qu'on prend soin d'ordonner plus rigoureusement dans les temps de calamités...; au lieu que, dans les temps ordinaires, on se contente de veiller à l'approvisionnement des marchés, d'empêcher la distraction et l'enlèvement des grains, à quoi la bonne police doit s'attacher principalement ; mais à l'égard de la vente dans les greniers particuliers, on ne la défend pas absolument, surtout quant la place du marché n'est point assez vaste pour contenir tout ce qui s'y transporterait en trop grande quantité [2]. »

Depuis la fin du xv⁰ siècle, nous voyons le Trésorier de Saint-Martin, en qualité de baron de Châteauneuf, posséder ce droit de minage. De la Trésorerie dépendent plusieurs maisons, « dans l'une desquelles est le POIDS de laditte baronnie et dans l'autre se vendent les blés et autres grains [3]. » Dans un bail de 1530, nous lisons que le

---

[1] *Op. cit.* : « Le droit de *minage* n'est dû régulièrement que quand il y a exposition en *plein marché ou sous la halle* (p. 703, n° XXX),... c'est ce qu'emporte le mot *hallage* (p. 701, n° XIII);... ce droit n'est donc dû que pour le *mesurage*, c'est l'indemnité de celui qui fournit de boisseaux, qui entretient la halle ou le marché public, qui prépose des mesureurs qu'il salarie (p. 704, n° XXXVIII). » Cfr. n°ˢ XIV et XVII.

[2] *Op cit.*, p. 702, n° XXI : la vente forcée à la halle fut ordonnée « par la déclaration du roi du 14 mars 1709. »

[3] *Archiv. dép.*, G, 421 et 423 : aveu rendu au Roi par le Trésorier de St-Martin : « Avoue tenir la baronnie de Châteauneuf avec les droits de police et justice deppendants de la dite

minage joint une « maison située devant la porte de la Trésorerie, paroisse Saint-Clément [1]; » nous savons d'un autre côté que le *marché au blé* était « *en face de l'Aumône* [2], » et, dans un plan du cloître de Saint-Martin, nous le trouvons figuré à l'est de l'église Saint-Clément, s'étendant sur un espace long et étroit entre la rue de Trois-Écritoires au nord et la porte Saint-Simple au midi [3]. Il est donc naturel de chercher la maison du minage de ce côté, et nous apprenons, par divers titres, que cette maison était près du logis de Châteauneuf et non loin de l'aumônerie de Saint-Martin : le Trésorier vendit, en 1780, son hôtel et diverses dépendances qui tombaient de vétusté, mais il dut conserver la salle occupé par le minage [4].

baronnie; plus, la maison de la Trésorerie et plusieurs maisons deppendant, dans l'une desquelles... : plus les mesures à huille de noix; plus les droits sur le poisson ; par chaque charge de 36 alozes, une aloze; par chaque charge de 36 lamproyes, une lamproye ;.... plus les droits sur les bestes vives et mortes, consistant, sçavoir : sur chaque bœuf mort en la boucherie un denier, sur chaque porc et sur chaque mouton, un denier; plus, sur chaque beste vendue au marché, sçavoir : sur chaque bœuf une obole, sur chaque porc une obole, les trois moutons un denier, un cheval huit deniers, un âne huit deniers ;.... de chaque marchand de pain, une obole par semaine. » Cfr. *Mém. Soc. Arch. Tour.*, t. XXVIII, p. 165. — Nous retrouvons là les droits *in venditione carnis et panis*, donnés par la reine Bertrade au chapitre de Saint-Martin, cfr. p. 50, note 1.

[1] *Archiv. dép.*, G, 381, p. 179 : « Maison située devant la porte de la Trésorerie, *paroisse Saint-Clément*, joignant une maison appartenant à l'aumônier de Saint-Martin, d'autre à la rue des Trois-Écritoires, d'un bout à la maison de Claude..., et par devant au *minage de la Trésorerie.* »

[2] *Archiv. dép.*, G, 379 : boutique sur le marché au blé, en face de l'Aumône, avec cour commune servant autrefois de cimetière. Cfr. G, 380, p. 120, où se trouve le plan de cette cour.

[3] *Archiv. dép.*, G, 381. — Ce plan est fort détaillé et nous a beaucoup servi pour dresser celui qui est à la fin de cette notice.

[4] *Archiv. dép.*, G, 381, p. 459 : vente en 1780 de « l'hôtel de Châteauneuf *derrière le minage et le poids le roi* », joignant « du couchant à la maison où est établi le poids du Roi et à la maison appelée l'*aumônerie* de Saint-Martin, dépendante de l'Hôtel-Dieu ; du midi, à la maison qu'occupe M. Duperche... ; du nord, au pavé du cloître de Saint-Martin et au portail qui est sous la chapelle de la Trésorerie. » Cfr. G, 372, bail du logis de Châteauneuf ; G, 420, ordonnance de Mgr de Conzié, autorisant Jean Barthélemy, trésorier, à aliéner les boutiques du marché, l'auberge du Petit-Saint-Martin et l'hôtel de Châteauneuf à l'exception de la salle occupée par le minage. — Notre plan, qui n'est pas géométrique, mais simplement visuel, donne la place respective des divers édifices mentionnés dans cette notice

Les produits de ce droit étaient loués avec « les galleries, chambres, greniers, halles et autres apartenances » ; le preneur jouissait
en outre, en dehors du greffe, de la geôle, du panetage et des
taxes analogues, de la ferme des « estaux de boucherie » et des
droits de place sur les marchés [1].

Ce quartier de la ville était, en effet, un centre important de
commerce : à la porte de la grande Basilique se trouvaient des
marchands de toutes sortes, et les changeurs, les rôtisseurs et les
fripiers ont laissé leur nom à plusieurs rues du voisinage [2]. La
place actuelle du Grand-Marché conserve encore sa désignation et sa
physionomie d'autrefois, avec ses vieilles maisons aux enseignes par-
lantes. Entre le Grand-Marché et la rue actuelle du Grand-Marché
existait une petite rue, beaucoup élargie depuis peu, où se tenaient
les marchandes de beurre ; le carrefour formé par cette rue au sud,
par la Grande-Rue à l'est et à l'ouest, et par la rue de la Boule-
peinte au nord, s'appelait le *carroi des herbes*, parce que là se ven-
daient les légumes [3].

Enfin, l'ilot de maisons qui fermait au nord la place du Grand-
Marché, était occupé par la Grande-Boucherie : une cinquantaine
d'étaux étaient disposés de chaque côté, le long d'une « allée de

---

[1] G, 420, série de baux, bail du 15 mai 1693, « les galleries, chambres, greniers, halles et
autres apartenances vulgairement apellez le *minage*,.... la maison et boutique aussi vulgairement apellée le *portail Saint-Clément*, avec les droits de *minage*, havage, mesure et marque
de boisseau, de panetage, fenestrage, estalage et fautrage..... » Le preneur était logé dans
l'établissement.

[2] Les rues du Change et de la Rôtisserie sont encore connues sous ce nom ; la rue des
Fripiers est devenue la rue de la Longue-Échelle ; cfr. *Archiv. dép.* G, 380, fol. 88.

[3] *Archiv. dép.*, G, 377 et 380. Ces registres contiennent une série de plans visuels, où tout
ce quartier se trouve figuré avec le nom des habitants et celui des rues et places. La Grande-
Rue s'appelle maintenant rue du Grand-Marché ; quant à la rue de la Boule-Peinte, elle a été
redressée, élargie et consacrée au célèbre Bretonneau. Cfr. 377, plans 21, 22 ; 380, pp. 72-73, 8.

commerce » qui formait un *z* dans cet ilot. Les échoppes qui les contenaient étaient plus larges que profondes, portaient des numéros et se louaient de 8 à 30 livres, mais pour le plus grand nombre de 20 à 25 livres ; les boutiques, au contraire, qui entouraient la place du Grand-Marché étaient, en général, plus profondes que larges, et le prix en était plus élevé [1]. Quant aux poissonneries, elles se trouvaient à proximité de la Loire [2].

Le quartier de la Cathédrale avait aussi son marché au carroi des Arcis, sa boucherie près de Saint-Libert et sa poissonnerie à la place Foire-le-Roi. Les rues Saint-Maurice et Saint-Étienne faisaient alors suite au seul pont qui existât à Tours, et, pour aller de Paris à Bordeaux, il fallait passer par cette voie : c'est là que se faisait la traversée de la ville du nord au sud, c'est là que les marchands devaient flatter l'œil des étrangers [3].

---

[1] *Archiv. dép.*, G, 380, pp. 72-73 : c'est le plan visuel de la Grande-Boucherie ; les échoppes avaient, en général, la forme d'un rectangle, dont les côtés étaient dans le rapport de 3 à 2. De la rue actuelle du Grand-Marché à la place du même nom, il y avait, à l'ouest de *l'allée de commerce*, neuf étaux : cela donne une largeur approximative de deux mètres pour chacun, et une profondeur de $1^m,30$. Telles sont à peu près les dimensions accordées maintenant aux bouchers qui se tiennent sous les Marchés-Couverts ; mais les échoppes de la Grande-Boucherie n'offraient pas l'aspect de ceux-ci et ressemblaient plutôt aux boutiques fort restreintes de quelques savetiers, qui travaillent encore sous un appentis à l'abri d'un grand mur. Les n[os] de ces échoppes vont de 97 à 151, mais plusieurs sont un peu plus vastes : sous chaque n° se trouve le prix de location et le nom du locataire. La place du Grand-Marché est figurée au fol. 88 du même registre. — Cfr. G, 379, cens et rentes dus au fief de Sainte-Maure, sur 45 étaux en la Grande-Boucherie, située entre la Grande-Rue et la rue de la Rôtisserie.

[2] Dr Giraudet, *Histoire de la ville de Tours*, t. II, pp. 93 et 152 : recettes en 1570-1571 : « estaux et cabarets des poissonneryes de Châteauneuf, estant près les Carmes, 294 livres 8 sols. » Au XVIIe siècle, une nouvelle poissonnerie fut établie entre la porte de l'Écuerie et celle des Tanneurs.

[3] Cfr. les anciens plans de Tours, notamment celui qui se trouve dans la salle des Archives de la préfecture, celui qui est dans la salle de la Société archéologique de Touraine et celui qui est publié dans l'ouvrage cité du Dr Giraudet. Le carroi des Arcis était à l'angle des rues actuelles Saint-Maurice, Colbert et de la Caserne ; les petites boucheries ont laissé leur nom à une place. — Cfr. Dr Giraudet, *op. cit.*, t. II, p. 98 : « Adjudication (en 1570-1571) de la *Turie* d'amont, des bestes a pié fourchié, près les *grands ponts* (rue actuelle des

Cette remarque prouve combien la Basilique de Saint-Martin a eu d'influence sur le commerce local, puisque c'est auprès d'elle que se sont établis les marchés les plus importants et qu'il fallait, pour y arriver, parcourir la Grande-Rue, depuis la place des Arcis jusqu'à la rue de la Boule-Peinte.

Mais la situation avantageuse de Châteauneuf, au point de vue des transactions, a été fatale à ses monuments religieux : tous, depuis la grande Basilique jusqu'à l'église Saint-Clément, ont disparu pour faire place à des rues plus larges, à des magasins plus élégants et à des halles plus vastes. La construction du nouveau pont de Tours, la percée majestueuse de la rue Royale et des magnifiques avenues, qui lui font suite au nord et au sud, ont placé sur cette ligne, avec les plus beaux étalages offerts aux promeneurs, l'axe de la ville, laissant se réfugier à l'est, à l'ombre des cloîtres désormais déserts de la cathédrale, les diverses congrégations religieuses qui entouraient jadis la Basilique, et refoulant au contraire à l'ouest tout le négoce qui pouvait auparavant se faire ailleurs [1].

Cependant, malgré ces grandioses travaux publics, la misère et la disette régnaient partout : « depuis dix ans, le feu couvait, il éclata en 1789, » après une très mauvaise récolte et un hiver particulièrement rigoureux. Il n'y avait alors à Tours, « qu'un seul négociant qui s'occupât en grand du commerce des grains. C'était un nommé

Bouchers et ancienne rue de la Triperie) ; » p. 152 : construction, au XVIIᵉ siècle, d'une poissonnerie, « près de la place Foire-le-Roi, en face de l'Arsenal. »

[1] Dʳ Giraudet, op. cit, t. II, p. 300-310. Le projet du pont de pierre fut arrêté en 1748, adjugé en 1765 et le passage fut livré à la circulation à partir de 1779. La construction de ce pont et la percée de la Tranchée, de la rue Royale et de l'avenue de Grammont ont laissé beaucoup de pièces intéressantes aux archives. Cfr. Archiv. dép., série C, nᵒˢ 183, 184, 200, 222 à 237, 239 à 244.

Girard, homme très estimé à cause de sa parfaite honorabilité et de
sa bienfaisance, qui, prévoyant la disette, avait pris, de concert avec
l'administration municipale, des mesures pour approvisionner la
ville, et qui, pendant l'hiver, avait livré des grains à très bas prix,
souvent même à perte. » Malgré cela, « la populace gronde autour
de ses magasins ; ... chaque samedi la fermentation est extrême au
marché de la ville et le prix des blés monte de semaine en semaine...
Le 6 avril, le corps de ville convoque les notables en assemblée
extraordinaire qui délibère un emprunt de 180 000 livres destiné à
l'approvisionnement de la cité... Une société patriotique se forme
pour veiller aux achats et à l'emmagasinement, comme aussi à la
distribution des grains ainsi recueillis, qui devront toujours être
vendus un sou par boisseau au-dessous du prix courant des
marchés [1]. »

Après ces difficultés relatives au commerce des blés, la loi des
15-28 mars 1790 vint supprimer sans indemnité « les droits
connus sous les noms de coutume, *hallage*, havage, cohue...,
perçus en raison de l'apport ou du dépôt des grains, viandes,
bestiaux, poissons et autres denrées et marchandises, dans les
foires, marchés, places ou halles.... Mais les bâtiments et *halles* »
continuèrent « d'appartenir à leurs propriétaires, sauf à eux à
s'arranger à l'amiable soit pour le loyer, soit pour l'aliénation avec
les municipalités des lieux [2]. »

---

[1] Faye, *l'Anarchie spontanée en Touraine*, pp. 7 et suiv. — La question du prix du blé
joua un grand rôle dans les émeutes populaires; cette brochure est à lire pour savoir ce qui
se passa à Tours sous l'influence de la disette et des agitations électorales; cfr. Dr Giraudet,
op. cit., t. II, pp. 216 et suiv.

[2] Ducrocq, *Cours de droit administratif*, 6ᵉ édition, t. I, pp 363-364. — Une instruction
de l'Assemblée nationale interpréta ainsi cette loi: « Les bâtiments, halles, étaux et bancs
continuent d'appartenir à leurs propriétaires; mais ceux-ci peuvent obliger les municipa-

Pour ces divers motifs, il était donc temps que la ville de Tours eût à sa disposition une halle au blé de proportions assez vastes.

La Révolution donna un vigoureux élan à ce projet, en déclarant biens nationaux la plus grande partie des immeubles qui entouraient Saint-Martin et qui appartenaient alors soit à la célèbre collégiale, soit à d'autres établissements analogues [1]. Les nombreuses paroisses de la ville furent elles-mêmes bientôt réduites à quatre [2], et les églises désaffectées du culte subirent vite la mainmise de la nation [3].

lités de les acheter ou prendre à loyer; et, réciproquement, ils peuvent être contraints par les municipalités à les vendre, à moins qu'ils n'en préfèrent le louage. » Ce sont les conseils de préfecture qui statuent sur les difficultés qui peuvent s'élever. Cfr. *cod. op.*, t. II. pp. 568-569.

[1] En 1789, le clergé possédait le cinquième du territoire (Taine, *l'Ancien régime*, p. 18; Faye, *les Assemblées de la Généralité de Tours en 1787*. p. 28). Le *Tableau de la province de Touraine*, 1762-1766, publié par Mgr. Chevalier (dans les *Annales de la Société d'agriculture*, 2ᵉ série, t. XLI), nous donne des détails statistiques sur les revenus du clergé de Touraine à la fin du XVIIIᵉ siècle : l'archevêché (p. 19) rapportait 53 000 livres; dix-huit abbayes d'hommes ou de femmes (p. 23-24) 395 200 livres; huit prieurés (p. 25), 17 800 livres; dix-huit chapitres (p. 30), 314 900 livres pour sept-cent-trente-et-un chanoines; quatre-vingt-dix-huit prieurés simples (p. 31), 14 700 livres; cent quatre-vingt-onze chapelles (p. 31), 19 100 livres; quatre-cent-vingt-quatre curés (p. 32), 296 800 livres; quarante-cinq couvents d'hommes (p. 32-33) 95 580 livres pour trois-cent-soixante-sept religieux; trente-sept couvents de femmes (p. 34-35), 221 300 livres pour sept-cent-soixante-et-onze religieuses; six commanderies de Malte (p. 35), 29 000 livres; total des revenus ecclésiastiques pour la province de Touraine (p. 37), 1 281 780 livres. Relativement à l'imposition des décimes (p. 38), le diocèse de Tours payait 10 216 livres par million de revenus. Le chapitre de Saint-Martin, en particulier (p. 30), comptait deux-cent-soixante-et-onze bénéficiers et avait un revenu de 150 000 livres, c'est-à-dire à lui seul la moitié de tous les chapitres de Touraine réunis. — Par le décret des 2-4 novembre 1789, « les biens ecclésiastiques furent mis à la *disposition de la nation*; » et « de nombreux décrets se succédèrent rapidement, tirant de cette formule laconique les conséquences qu'elle renfermait. » Cfr. Dalloz, *Répertoire alphabétique*, vᵒ *Domaines nationaux*, nᵒ 3; Laferrière, *Essai sur l'histoire du Droit français*, 2ᵉ édition, t. II, pp. 63 et s.

[2] *Vid. sup.*, pp. 45 et s.

[3] Dès le 19 décembre 1789, un décret mit en vente, jusqu'à concurrence d'une somme de 400 millions, une partie des biens ecclésiastiques dont nous avons parlé ci-dessus. Un second décret des 9-25 juillet 1790 autorisa l'aliénation de TOUS les autres domaines nationaux, et, comme la liquidation ne s'opérait sans doute pas assez vite, un autre décret parut les 15-20 août de la même année, afin d'en « *accélérer* les travaux. » Le 6 mai 1791, c'est-à-dire

Le conseil général de la commune de Tours pensa bien, dans ce moment de fièvre électorale, à utiliser ces églises à la tenue des assemblées primaires [1], mais celle de Saint-Clément était trop près du marché au blé et la question des approvisionnements avait joué un rôle trop important au début de la Révolution, pour que l'idée d'installer dans ce bel édifice une halle au blé n'emportât pas les suffrages : aussi l'acquisition en fut-elle votée dès le 16 août 1791 [2].

Le 3 octobre suivant, le monument fut soumis à l'expertise préalable du sieur Pinguet et estimé la somme de 8 000 livres, suivant le procès-verbal déposé aux archives [3].

quelques mois après la constitution civile du clergé (12 juillet-24 août 1790), fut promulgué un décret par lequel les « *églises supprimées*, les presbytères en dépendant, ainsi que les cimetières desdites paroisses seront vendus dans la même forme et aux mêmes conditions que les biens nationaux. » Cfr. Dalloz, *loc. cit.*, série chronologique des décrets relatifs aux domaines nationaux.

[1] D' Giraudet, *op. cit.*, t. II, p. 234.

[2] *Archives municipales de Tours*, REGISTRE DU CONSEIL GÉNÉRAL DE LA COMMUNE, t. I, fol. 189-190 (séance du 16 août 1791) : « Sur le rapport fait par les commissaires nommés de l'avantage qui résulterait pour lad. ville d'avoir une *halle dans laquelle on pourrait déposer les bleds* et grains qui s'importent dans la ville et n'ont aucun local pour les resserrer lorsqu'ils sont invendus ;... que l'église Saint-Clément présente tous les avantages propres à cet établissement, *par sa structure et sa situation près du marché aux bleds*, le conseil général de la commune, sur ce ouy le procureur de la commune, a délibéré que l'acquisition sera faite de ladite église par la municipalité de Tours (avec quelques maisons adjacentes pour déboucher sur les Fossés-Saint-Clément). » Cette délibération contient, en outre, des réflexions sur la difficulté des approvisionnements et la situation relativement favorable de la ville entre la Loire et le Cher. — Cfr., sur les principaux marchés de Touraine et sur le prix des grains dans la seconde moitié du XVIIIᵉ siècle, *Tableau de la province de Touraine*, pp. 114 et suiv.

[3] *Archiv. dép.*, BIENS NATIONAUX (procès-verbaux d'estimation, district de Tours), liasse I, n° 32 (n°ˢ 110 et 111 de la vente), art. 11 : là se trouve la description de l'église qu'il est inutile de reproduire. — D'après le décret des 17-24 mars 1790, il fut nommé « par l'assemblée nationale douze commissaires, pris dans toute l'assemblée pour aviser... au *choix* et à *l'estimation* » des biens mis en vente, et les commissaires devaient rendre compte « du résultat de leur travail et de *l'estimation des experts* dans le moindre délai possible. » — « Aussitôt que les domaines nationaux (décret 10-14 octobre 1790, art. 3) étaient « *estimés par experts* et.., les estimations ou évaluations... faites et envoyées au *comité de l'assemblée nationale* « il était « successivement rendu... des *décrets d'aliénation*. » — Cfr. Dalloz, *op. et loc. cit.*

Le 25 novembre, le conseil général de la commune délègue deux commissaires près du directoire de district, afin de solliciter l'autorisation indispensable pour acquérir valablement [1]; mais le directoire ne se hâte point de répondre, et, comme la vente était annoncée pour le 14 décembre, le 5 de ce mois les commissaires sont délégués de nouveau et se transportent sur le champ près de l'assemblée administrative [2].

D'après les lois alors en vigueur, la ville de Tours était obligée, pour se porter adjudicataire de l'église Saint-Clément, de faire une assignation de deniers pour le paiement des arrérages et le remboursement du capital d'acquisition. Le 13 janvier 1792 la municipalité offre, pour se libérer, « son seizième sur la revente des biens nationaux [3]; » le 23, le conseil général de la commune approuve

[1] *Archiv. mun.*, REG. CONSEIL GÉN., t. I, fol. 223 (séance du 25 novembre 1791) : « Sur le rapport fait par un membre de la délibération du 16 août dernier tendante à l'acquisition de la ci-devant église de Saint-Clément pour la *convertir en halle,* vu l'urgence de l'exécution de la même délibération, il a été, sur ce ouy le procureur de la commune, arrêté que MM. Bellisle et Crouzilleau sont nommés commissaires à l'effet de demander au directoire l'autorisation dont est question. » — Cfr. décret 14-17 mai 1790, tit. I, art. 1 : « Les municipalités qui voudront acquérir seront tenues d'adresser leurs demandes au comité établi par l'assemblée nationale pour l'aliénation des domaines nationaux. Ces demandes seront faites en vertu d'une délibération du conseil général de la commune. » Tit. 3, art.10 : « Si une municipalité croyait devoir conserver pour quelque objet d'utilité publique une partie des biens par elle acquis, elle sera tenue de se pourvoir, dans les formes prescrites par le décret du 14 décembre 1789, pour obtenir l'*autorisation nécessaire*, après laquelle elle sera admise à enchérir concurremment avec les particuliers (Dalloz, *loc. cit.*). »

[2] *Archiv. mun.*, *loc. cit.*, fol. 231 (séance du 5 décembre 1791) : « Un membre ayant rappelé à l'assemblée les délibérations cy-devant prises le 16 août et 25 novembre derniers, par lesquelles on a demandé au directoire de district à être autorisé à acquérir la cy-devant église de Saint-Clément, pour en faire une halle au bled, il a demandé qu'au moyen de la vente annoncée de lad. église pour le 14 *de ce mois*, on délibère sur cet objet. — Vu l'observation cy-dessus, et attendu que l'autorization dont est question n'a point été donnée, il a, sur ce ouy M. le procureur de la commune, été arrêté que MM. Bellisle et Crouzilleau se transporteront à l'instant au directoire du département pour solliciter lad. autorization; ce qui a été fait. »

[3] *Archiv. mun.*, REG. CONS. GÉN., t. II, fol. 34 v° (séance du 23 janvier 1792) : « Vu... la délibération dud. jour treize (janvier) portant que la municipalité offrait pour le prix de lad.

cette délibération et, le lendemain, les pièces sont retournées au directoire de district, avec prière « d'accélérer son avis sur cet objet [1]. »

Du directoire de district le dossier fut transmis au directoire de département, puis au ministre de l'intérieur, puis au comité de l'Extraordinaire des Finances. Au nom de ce comité, M. Cartier-Douineau, député d'Indre-et-Loire, présenta un projet de décret à l'effet d'autoriser la commune de Tours à « acquérir la ci-devant église de Saint-Clément... pour y établir une halle aux bleds [2] ». Le

acquisition, son seizième sur la revente des biens nationaux dont elle est soumissionnaire... »
— Les municipalités étaient, en effet, invitées à acquérir des biens nationaux, non seulement pour leurs services publics, mais encore pour les revendre avec un bénéfice de commission : elles devenaient ainsi des agences salariées pour le lancement de cette grosse affaire. La municipalité de Tours voulut se montrer à la hauteur de la situation, et, dès 1790, résolut d'acquérir pour 16 millions de biens nationaux, en escomptant un bénéfice d'au moins 500 000 livres (D' Giraudet, op. cit., t. II p. 234). — Cfr., sur cette opération et les faveurs dont elle était comblée, Laferrière, op. cit., t. II, pp. 124-126; décret 14-17 mai 1790 (Dalloz, op. et loc. cit.), tit. I, art. 11 : « Les municipalités seront chargées de tous les frais relatifs aux estimations, ventes, subrogations et reventes; il leur sera alloué et fait raison, par le receveur de l'extraordinaire, du seizième du prix du capital des reventes qui seront faites aux particuliers, à mesure et à proportion des sommes payées par les acquéreurs. »

[1] Archiv. mun., loc. cit. (séance du 23 janvier 1792) : « Vu le renvoy fait à la municipalité par le directoire de district du 16 de ce mois, des pièces concernant l'acquisition par la commune de la cy-devant église de Saint-Clément, portant que la municipalité fera approuver sa délibération du 13 de ce mois, par le conseil général de la commune; — le conseil général de la commune a approuvé, sur ce ouy M. le procureur de la commune, lad. délibération, et il a été arrêté que lesd. pièces seront, dès demain, renvoyées au directoire du district, qui sera prié d'accélérer son avis sur cet objet. »

[2] Bibliothèque municipale, FONDS TASCHEREAU, liasse 581, pièce 20 : « PROJET DE DÉCRET, SUR LA DEMANDE DE LA COMMUNE DE TOURS d'acquérir la ci-devant église de Saint-Clément de cette ville, pour y établir une halle aux bleds, PRÉSENTÉ, au nom du comité de l'Extraordinaire des Finances, par M. CARTIER-DOUINEAU, député du département d'Indre-et-Loire; imprimé par ordre de l'Assemblée nationale. — L'Assemblée nationale, après avoir entendu le rapport de son comité de l'Extraordinaire des Finances, considérant qu'il est instant de prononcer sur la demande de la commune de Tours, tendante à l'autoriser à acquérir la ci-devant église de Saint-Clément de cette ville, pour y établir une halle aux bleds; vu l'avis du directoire de district de Tours, celui du directoire du département d'Indre-et-Loire, et celui du ministre de l'intérieur, décrète qu'il y a urgence. — L'Assemblée nationale, après avoir décrété l'urgence, décrète ce qui suit: Le conseil général de la commune de Tours est autorisé à acquérir, dans la forme prescrite pour l'aliénation des domaines nationaux, les

6 août suivant, l'Assemblée nationale, dans sa séance du matin, transforme ce projet en décret définitif; le 7, M. Cartier-Douineau en avise le maire de Tours, et le 8 il lui envoie un extrait du procès-verbal de la séance du 6. Cet extrait sur papier timbré, collationné à l'original le 7 par les secrétaires de l'Assemblée nationale, existe encore aux archives de la mairie avec les signatures et le sceau [1].

bâtiments de la ci-devant église de Saint-Clément, estimés à la somme de 6 127 livres 12 s. 5 d., et à y faire les dispositions convenables, conformément au devis qu'il en a fait dresser, montant à 572 livres pour y établir une halle aux bleds, à la charge par lui de fournir, ainsi qu'il est prescrit par l'article 7 de la loi du 10 août, relative aux dettes contractées par les villes et communes, une assignation de deniers pour le paiement des arrérages et le remboursement du capital de cette acquisition, dans les progressions et les délais qui lui sont fixés. — Le présent décret ne sera envoyé qu'au département d'Indre-et-Loire seulement. — De l'Imprimerie nationale, 1792. »

[1] *Archiv. mun.*, PROPRIÉTÉS DE LA VILLE, liasse 314 (1790 à 1811); la lettre du 7 août est seulement signée de M. Cartier-Douineau et l'écriture semble celle d'un copiste expéditionnaire; le visa qui se trouve en tête est d'une autre plume. La voici en fac-simile typographique :

COMITÉ DE L'EXTRAORDINAIRE
DES FINANCES

Paris, le 7 août 1792, l'an IV de la liberté.

Vu au conseil de la commune, le 13 août 1792.

J'ai l'honneur de vous prévenir, Messieurs, que je suis enfin parvenu à faire rendre dans la séance d'hier matin le décret qui autorise la municipalité de Tours à acquérir la ci-devant église de Saint-Clément, pour y établir une halle aux bleds.

Je suis très fraternellement,

Messieurs,

Votre très humble
serviteur et fidèle
concitoyen,
CARTIER-DOUINEAU

MM. les maire et officiers
municipaux de la ville de Tours.

— La lettre suivante est écrite en entier par M. Cartier-Douineau :

Paris, le 8 août 1792, l'an 4e de la liberté.

J'ai l'honneur de vous remettre ci-joint, Messieurs, l'extrait du procès-verbal de la séance du 6 au matin, dans laquelle le décret qui vous intéresse a été rendu.

J'ai l'honneur de vous réitérer l'assurance de mon fraternel attachement.

Votre fidèle concitoyen,
Cartier-Douineau

Mrs les maire et offers municipaux de Tours.

— Le texte du décret se trouve joint à ces deux lettres : en tête est le timbre, avec la mention (d'une autre écriture) qu'il en a été donné copie au district. Le décret lui-même est

Le conseil général de la commune fut aussitôt convoqué : lecture fut donnée de la lettre de M. Cartier-Douineau, et deux commissaires furent nommés « à l'effet de se transporter au directoire de district pour faire mettre en vente la dite cy-devant église [1]. »

celui que nous avons reproduit à la note précédente : voici donc seulement le commencement et la fin

Délivré coppie au district le 17 août 1792

EXTRAIT
DU PROCÈS-VERBAL
DE L'ASSEMBLÉE NATIONALE
DU *six août* 1792
L'AN *quatrième* DE LA LIBERTÉ.

(Suit le texte du décret.)

Collationné à l'original, par nous secrétaires de l'assemblée nationale, à Paris, ce 7 août 1792 l'an 4ᵉ de la liberté.

(Suivent le sceau et 4 signatures.)

— Cette liasse contient encore un devis des travaux à faire pour installer la halle au blé, dressé le 27 décembre 1791 par « Pierre Barais, architecte de la maison commune de Tours. » Un « état des biens vendus au district de Tours, situés dans la commune de Tours, depuis le 27 décembre 1790 jusqu'au 6 novembre 1793 », mentionne aussi la vente de Saint-Clément à sa date.

[1] *Archiv. mun.*, REG. CONS. GÉN., t. II, fᵒ 160 (séance du 13 août 1792) : « Lecture faitte d'une lettre de M. Cartier-Douineau, député à l'assemblée nationale, dattée du 8 de ce mois, portant envoy d'un extrait du procès-verbal de l'assemblée nationale du six de ce mois qui autorize la commune à acquérir l'église de Saint-Clément pour y établir une halle aux bleds ; il a été, sur ce ouy le procureur de la commune, délibéré que MM. Dubreuil et Crouzilleau sont nommés commissaires à l'effet de se transporter au directoire du district pour faire mettre en vente lad. cy-devant église. » — Comme on le remarquera par la suite du texte et des notes, les affiches, qui portent la date du 12 août, doivent avoir été antidatées ; il y avait des délais à observer et ce procédé était sans doute mis en pratique pour gagner du temps.

Si, dans ces deux notes, nous insistons sur ces documents plus que sur tous les autres, c'est que l'existence en a été niée formellement par le conseil municipal de 1817, comme nous le verrons plus loin. Plus récemment, M. Deval, notre sympathique collègue de la Société archéologique, dans une note envoyée au ministre des finances, disait, en citant la délibération de 1817, que l'autorisation de l'assemblée nationale n'avait « pas été retrouvée, » mais qu'elle n'avait pas dû faire « défaut, étant donné les circonstances ». Dans nos recherches nous l'avons cependant retrouvée avec sa mention dans le registre des délibérations, et nous pouvons dire désormais *pièces en main*, que la ville de Tours est devenue adjudicataire de Saint-Clément en bonne et due forme. Cfr. *Travail dressé par M. Deval, vérificateur de l'Enregistrement et des Domaines*, sur l'ordre de M. le ministre des finances, transmis par lettre de

Dès le 12 août, à la requête du Procureur-général-syndic du département d'Indre-et-Loire, il est apposé des affiches, tant dans les lieux et endroits accoutumés de la ville de Tours que dans les paroisses circonvoisines et dans les villes chefs-lieux de district, et des publications sont faites à l'issue des messes paroissiales [1], pour annoncer que, le 21 août, en la salle ordinaire des séances du Directoire de District de Tours, à huit heures du matin, en présence de MM. Ansault, vice-président, Barré, Japhet, le Roux, administrateurs et juge-procureur-syndic [2], il serait procédé à la réception de la première enchère de l'église Saint-Clément, que le sieur François Lorot avait soumissionnée le 1er septembre précédent [3].

Monsieur le directeur des Domaines de Tours, en date du 2 mai 1883, n° 7874 : ce travail, mis obligeamment à notre disposition par l'auteur, nous a fourni l'indication de plusieurs documents importants pour la rédaction de ce chapitre.

[1] Tous les détails qui suivent sur l'adjudication de Saint-Clément sont empruntés presque textuellement au *Procès-verbal* déposé aux *Archives départementales* (Domaines, liasse 34, *adjudication de biens nationaux*, n° 150, art. 1er). — Cfr. Dalloz, *op. et loc. cit.* : « Aussitôt qu'il sera fait une offre au moins égale au prix de l'estimation », la municipalité « sera tenue de l'annoncer par des *affiches* dans tous les lieux où l'état des biens aura été ou dû être envoyé, et d'indiquer le lieu, le jour et l'heure auxquels les enchères seront reçues (décret 14-17 mai 1790, tit. 3, art. 2). »

[2] La division de la France en départements et districts fut définitivement décrétée le 26 février 1790 et organisée par décret du 4 mars suivant ; pour le département d'Indre-et-Loire, en particulier, il a été créé par un décret du 26 janvier 1790, sous le nom de département de Touraine ; c'est seulement dans le décret général du 26 février qu'il reçut sa désignation actuelle. Les directoires administratifs de département et de district furent organisés par la loi du 22 décembre 1789 ; cfr. Laferrière, *op. cit.*, t. II. p. 26 ; Faye, *l'Anarchie spontanée* pp. 26-27 ; Dr Giraudet, *op. cit.* t. II, p. 227 ; *le Moniteur*, n°s de l'époque.

[3] Décret des 17-24 mars 1790, art. 4: « L'assemblée nationale ordonne que... les municipalités... seront tenues de remettre sans retard les.. biens en vente au plus offrant et dernier enchérisseur, dans les délais prescrits, dès le moment qu'il *se présentera quelque acquéreur qui les portera au prix fixé par l'estimation des experts.* » — « Pour accélérer les travaux (décret des 15-29 août 1790, art. 1), » ces acquéreurs « seront tenus d'envoyer trois copies de leur *soumission*: une au *comité d'aliénation à Paris*, une au directoire...; » mais le 1er septembre 1791 (décret 26-29 août 1791) « le commissaire du roi, administrateur de la caisse de l'ordinaire », fut « chargé de la *suite* des opérations relatives à la vente des biens nationaux, » à la place du « comité d'aliénation ». — Cfr. Dalloz, *op. et loc. cit.*

A la même date du 12 août, une lettre missive fut envoyée aux officiers municipaux de Tours, pour les avertir d'être présents et d'assister, par la voie de deux commissaires nommés par eux, à l'adjudication annoncée : le 16, le conseil général choisit MM. Dubreuil et Crouzilleau et les autorisa de suivre cette vente et d'acquérir l'édifice [1].

Conformément aux affiches, le 21 du même mois, il fut procédé, en la salle ordinaire des séances du directoire de district à la réception de la première enchère sur l'église Saint-Clément.

Le sieur Lorot, qui l'avait soumissionnée, la met « à prix... à la somme de 8 000 livres égale au capital de » son « produit net, d'après l'évaluation, qui en a été faite sur le rapport de l'expertise du sieur Pinguet, du 3 octobre 1791. Et après avoir attendu jusqu'à l'heure de midi, sans qu'il se soit présenté de surenchérisseurs », les membres du directoire de district ont, « ce requérant le procureur-syndic, clos et fermé le procès-verbal de réception de première enchère, sur celle dudit sieur Lorot et » ont « arrêté qu'il sera apposé de nouvelles affiches et procédé à la seconde publication des dits biens, tant dans les paroisses où ils sont situés, qu'aux lieux et

---

[1] *Archiv. mun.*, REG. CONS. GÉN., t. II, f° 165 v° (séance du 16 août 1792) : « MM. Dubreuil et Crouzilleau, nommés commissaires à la dernière séance, à l'effet de faire mettre en vente la cy-devant église de Saint-Clément, ont fait rapport qu'ils se sont transportés au directoire du district, et qu'ils ont prié MM. les administrateurs de faire mettre en vente lad'. église, *ce qu'ils ont promis*, mesd. sieurs les commissaires ont été autorizés de suivre cette vente et d'acquérir lad. église au nom de la commune. » — Cfr. *Arch. départ.*, BIENS NATIONAUX, liasse 34, procès-verbal d'adjudication, p. 8 : « Charles-Pierre Dubreuil, au nom et comme commissaire fondé de procuration dudit conseil général de la commune de Tours, ainsi qu'i appert par une délibération extraite du registre dudit conseil général, en date du 16 août dernier, dûment en forme, enregistrée et timbrée, laquelle après avoir été certifiée valable par ledit sieur commissaire et de nous signée et paraphée *ne varietur* demeure jointe et annexée à la présente. » — Le 17 août, comme nous l'avons vu plus haut (p. 63, note 1 de la p. 62), une copie du décret d'autorisation fut délivrée au district.

endroits accoutumés, à l'effet d'annoncer qu'il sera procédé le 28 de ce mois à 8 heures du matin, à la réception de la seconde enchère... et le 5 septembre prochain à l'adjudication définitive [1]. »

Le programme fut rempli et le 28 août 1792 un second procès-verbal fut rédigé à peu près dans les mêmes termes que le premier. « Le sieur Lorot a déclaré qu'il persistait dans l'enchère de la somme de 8 000 livres, par lui mise sur les dits biens, lors de la réception de la première enchère. » Une troisième publication fut ensuite décidée et, dès le lendemain 29 août, les affiches en furent apposées.

Le 5 septembre fut le grand jour, « et après lecture faite à haute et intelligible voix, par » le « secrétaire ordinaire, du contenu aux deux précédents procès-verbaux d'enchères, une bougie a été allumée en présence des assistants, et la vente des biens ci-dessus proclamée sur l'enchère dudit sieur Lorot de la somme de 8 000 livres dans laquelle il a de nouveau persisté, surenchéri par

M. Gasnier à 8 220 livres,
M. Dubreuil à 8 225 livres.

« Et au moyen de ce qu'à l'extinction de ce 1er feu qui a duré six minutes, le dit sieur Pierre-Charles Dubreuil, demeurant à Tours, s'est trouvé le dernier enchérisseur proclamé, » le directoire de district a, « ce requérant le procureur-syndic, adjugé provisoirement et sauf un second feu, la propriété des dits biens.

« Et de suite une nouvelle bougie a été allumée en présence

---

[1] Décret du 14 mai 1790, modifié par le décret des 3-17 novembre 1790 (Dalloz. op. et loc. cit.), tit. 3, art. 4: « Les enchères seront reçues publiquement; il y aura quinze jours d'intervalle entre la première et l'adjudication définitive qui se fera au plus offrant et dernier enchérisseur. »

des assistants, et la vente des biens de nouveau proclamée sur
l'adjudication provisoire de la somme de 8 225 livres audit sieur
Charles-Pierre Dubreuil, au nom et comme commissaire fondé de
procuration dudit conseil général de la commune de Tours.

« Et au moyen de ce que ledit sieur Dubreuil s'est trouvé le
dernier enchérisseur proclamé à l'extinction de ce deuxième feu qui
a duré aussi 6 minutes [1], » le directoire de district a, « ce requérant
le procureur-syndic, définitivement adjugé audit sieur Dubreuil la
libre propriété, possession et jouissance des biens désignés au procès-verbal de réception de première enchère,... moyennant ladite
somme de 8 225 livres que le dit adjudicaire s'oblige de payer dans
les termes... stipulés, et pour sûreté de l'exécution desquelles clauses
et conditions, ledit sieur Dubreuil ci-acceptant a affecté et hypothé-
qué tous ses biens meubles et immeubles, présens et avenir [2]. »

En outre, « le directoire de district..., après avoir entendu le
procureur-syndic, arrête que la somme à payer par ledit sieur Dubreuil dans la quinzaine, à compter de ce jour, et à raison de vingt
pour cent du prix de l'adjudication montant à 8 225 livres, est de la
somme de 1 645[l] et que le surplus desdits 8 225[l] sera payé en douze
ans et en douze parties égales,... le tout sans préjudice des intérêts
à échoir, qui seront acquittés conformément à la loi [3]. »

---

[1] Instruction de l'assemblée nationale du 31 mai 1790, modifiée par le décret des 3-17 novembre (Dalloz, *op. et loc. cit.*), tit. 3 : « Les adjudications définitives seront faites à la cha-
leur des enchères et à l'extinction des feux. On entend par feux, en matière d'adjudication,
de petites bougies qu'on allume pendant les enchères et qui doivent *durer de 4 à 6 minutes.* »

[2] *Archiv. départ.*, DOMAINES, procès-verbaux d'adjudication, liasse 34, n° 150, art. 1. —
Nous avons cité presque *in-extenso* ces procès-verbaux, parce qu'ils contiennent la narra-
tion des faits dans l'ordre chronologique ; le style semblera peut-être un peu trop administratif, mais il a le mérite de donner une certaine couleur locale à cette adjudication.

[3] *Loc. cit.* — Cfr. Dalloz, *op. et loc. cit.*, décret 14-17 mai 1790 : « Dans le cas où » une mu-

Tel fut le cérémonial selon lequel l'église Saint-Clément devint de paroisse une simple halle au blé. Mais acheter et payer sont deux, et la ville de Tours, après avoir acquis pour une somme aussi minime un aussi bel édifice, trouva le moyen de faire la sourde oreille à toutes les demandes de paiement.

Dès le 17 octobre, l'Administration des Domaines remarque que le premier à-compte de quinzaine n'a pas été soldé par la municipalité ; le 15 vendémiaire an III (6 oct. 1794), aucun versement n'a encore été fait sur le prix d'acquisition [1].

nicipalité « demeurerait adjudicataire, elle paiera dans les mêmes formes et dans les mêmes délais que tout autre acquéreur (tit. 3, art. 10, *in fine*). » Décret 31 mai-3 juin 1790 : « L'assemblée nationale a autorisé les acquéreurs de domaines nationaux à ne payer comptant qu'une partie du prix, à condition qu'ils acquitteront le reste en douze payements égaux, faits d'année en année, le premier payement devant avoir lieu un an après le jour de l'adjudication. » Décret 26 sep.-16 octob. 1791 : « Les directoires de district seront tenus d'énoncer au procès-verbal de vente la portion du prix de l'acquisition à acquitter dans la quinzaine ou dans le mois de l'adjudication..., et pour le surplus la quantité d'années accordées par les décrets à l'acquéreur pour se libérer (tit. 1, sect. 2, art. 2). »

[1] *Archiv. dép.,* DOMAINES NATIONAUX, liasse 220 : cette liasse qui est assez volumineuse contient des registres et des liasses secondaires ; au nombre de ces dernières s'en trouve une où sont réunis les *Etats des acquéreurs de biens nationaux en retard de payer.* Ce sont des tableaux dressés par colonnes indiquant la date de l'adjudication, le nom de l'adjudicataire, la chose adjugée, le prix d'adjudication et les termes dus. Un de ces tableaux (5ᵉ *Etat sur les ventes faites en* 1792), certifié véritable le 17 octobre 1792, contient l'*Etat des acquéreurs* qui n'ont pas fait leur premier payement dans la quinzaine qui leur est accordée : la municipalité de Tours y figure pour l'église Saint-Clément, sur le prix d'acquisition de laquelle elle doit le 20 0/0 montant à 1645 livres et les intérêts. D'après un second *Etat des acquéreurs en l'année* 1792 *qui n'ont pas fait* (du 21 *thermidor an* II *au* 5 *vendémiaire an* III) *le troisième payement sur leurs adjudications* (état certifié véritable le 21 vendémiaire), la « municipalité de Tours », adjudicataire de « la cy-devant église Clément..., doit les trois premiers termes, n'ayant encore fait aucun payement. » — Ces tableaux sont assez longs et nombreux pour démontrer que les acquéreurs de domaines nationaux n'étaient pas de parfaits payeurs ; un décret des 3-10 juillet 1791 (Dalloz, *loc. cit.*) indique même les tripotages qui s'opéraient sur cette liquidation sociale. — Ce retard de la ville, pour opérer ses versements, s'explique par ce fait qu'elle avait affecté au payement de Saint-Clément son *seizième* sur la revente ; or, d'après le décret des 14-17 mai 1790 (tit. I, art. 13), « les payements à faire par les municipalités ou par les acquéreurs à leur décharge, ne seront reçus à la caisse de l'extraordinaire *qu'en espèces ou en assignats.* » Le seizième n'était donc point une somme liquide ; mais (*Archiv. dép.,* DOMAINES, liasse 141, petit registre imprimé sur les décomptes, p. 3), on ne dut bientôt « plus admettre dans les décomptes le seizième qui avait été alloué aux

Un décret du 24 floréal de la même année (17 mai 1795) vint cependant prononcer la déchéance contre les adjudicataires de biens nationaux qui n'avaient pas payé les termes échus dans les délais prescrits : la ville garda quand même l'église Saint-Clément, mais ne s'acquitta pas davantage de sa dette. Le 11 frimaire an VIII (2 déc. 1799), une loi accorda encore quelque répit aux mauvais payeurs : tous ceux dont l'acquisition était antérieure au 28 ventose an IV (18 mars 1796) et qui devaient encore des assignats, étaient « admis à se libérer en numéraire, suivant la valeur représentative de ces assignats au cours du jour du procès-verbal de vente ; » mais ils étaient tenus de déclarer, dans le délai d'un mois, s'ils entendaient profiter du bénéfice de cette loi. Faute par eux de remplir cette formalité, ils étaient « irrévocablement déchus de plein droit et dépossédés » sans qu'il fût « besoin d'aucune formalité », et la régie de l'enregistrement devait les faire exécuter sans délai [1].

Rien n'effraya la municipalité de Tours et les lois et décrets ne réussirent point à lui délier les cordons de la bourse. Mal lui en prit, car, le 14 fructidor suivant (1er septembre 1800), un exploit lui signifia sa mise en déchéance [2], et, le 8 messidor an IX (29 juin 1801), l'église Saint-Clément fut inscrite sur le tableau des biens nationaux disponibles [3]. Peine entièrement perdue, car la ville resta en posses-

municipalités sur le prix des reventes des particuliers, attendu que toutes les créances dues par la république aux communes, à quelque titre que ce fût, ont été supprimées par l'art. 90 de la loi du 24 août 1793. »

[1] Dalloz, op. et. loc. cit., décret du 14 floréal an III, loi du 11 frim. an VIII, art. 3, 10, 13.
[2] Deval, op cit.
[3] Archiv. départ, DOMAINES NATIONAUX, liasse 220, petit registre in-fᵒ intitulé: SOUS-PRÉF. DE TOURS, État des domaines nationaux restant sous la main de la nation dans le dit arrondissement (an IX), chap. 2 : maisons, bâtiments, usines, à l'art. nᵒ 38 (bureau de Tours) figure l' « église Saint-Clément, servant de halle au bled », située commune de « Tours, » possédée jadis par « la commune », ayant un produit net de « 400 livres », une valeur en capital de

sion de la halle au blé et y fit même faire des travaux par une adjudication publique. Plusieurs fois, l'Administration des Domaines fit dresser le décompte que la municipalité devait payer en capital et intérêts : on alla jusqu'à décerner et signifier des contraintes, mais ce fut toujours en vain[1].

Les choses durèrent ainsi jusque sous la Restauration. Le 30 juin 1814, la régie de l'enregistrement réclamait 13,354 fr. 86 pour le principal et les intérêts de l'adjudication de l'église Saint-Clément ; le conseil municipal nomma une commission qui ne fit son rapport que le 11 septembre 1817, et il vota une délibération qui mérite d'être étudiée de près [2].

Il commence par déclarer, avec une légèreté extraordinaire, que les pièces relatives à l'acquisition mentionnée n'existent pas « dans les archives de la mairie, et que rien » ne les « annonce sur les registres ; » par suite « cette adjudication n'étant point légale, » n' « a pu engager la commune de Tours, » parce « qu'une administration municipale ne » doit pas « acquérir pour sa commune *sans les autorisations prescrites* par les lois. » Si le rapporteur de la commis-

« 8,000 » sur le pied de 1790 ; les charges en contributions et réparations montent à « 80 livres, elle est « non imposée, mais on évalue l'impôt au 5ᵉ du revenu. » Ce tableau dressé par colonnes, fut « certifié par le directeur du Domaine national véritable et conforme aux états particuliers des receveurs des domaines, — à Tours, le huit messidor an neuf de la République française. »

[1] Deval, *op. cit* : « En 1803 (*arch. mun.*), on trouve l'adjudication publique de réparations à faire à la halle de Saint-Clément. » Une contrainte « fut décernée et signifiée le 15 octobre 1814. Le 15 juillet 1815, nouveau décompte sans plus de résultats. » — Cette note de M. Deval a été rédigée parce que, lors de la démolition de cet édifice, l'administration des Domaines avait des doutes sur la légitimité de la possession de la ville de Tours.

[2] *Archiv. mun.*, 3ᵉ REGISTRE DES DÉLIB. fᵒˢ 182 vᵉ et 183 rᵉ (séance du 11 septembre 1817). « Le rapporteur de la commission chargée d'examiner la réclamation faite par la régie de l'enregistrement d'une somme de 13,554 fr. 86 montant d'un décompte arrêté le 30 juin 1814, pour principal et intérêts de l'adjudication faite à la ville de Tours, de la ci-devant église de Saint-Clément, a proposé, au nom de cette commission, un projet de délibération qui a été adopté ainsi qu'il suit. »

sion eut quelque peu cherché, il eut cependant retrouvé et l'original authentique du décret d'autorisation et la mention sur le registre des délibérations, que ce décret avait été envoyé par le député Cartier-Douineau : il aurait ainsi évité à une assemblée, qui avait l'honneur de représenter la ville de Tours, de commettre sinon un mensonge officiel, du moins une assertion fâcheuse [1].

Mais il ne s'agissait pas d'examiner cette question et le conseil attachait, pour cause sans doute, peu d'importance à cet argument qu'il exprimait cependant le premier. Il prétendait surtout « que l'église Saint-Clément n'était pas, comme l'annonce l'adjudication, un domaine ecclésiastique proprement dit, mais bien au contraire un édifice qui, avant la Révolution, était destiné à l'exercice du culte catholique. » Or, continue la délibération, « les églises paroissiales de » la ville de Tours, « comme celles de toutes les autres communes étaient des *propriétés communales*, » et leur aliénation n'a « eu lieu que par suite des écarts de la Révolution ». Mais, par l'effet du Concordat, « plusieurs dispositions législatives» ont « prescrit la remise aux communes des édifices anciennement consacrés » au culte. L'église Saint-Clément devait donc, par ces motifs, être

---

[1] *Loc. cit.* : « Considérant que quoiqu'aucune expédition de l'adjudication mentionnée audit décompte ne se trouve *dans les archives de la mairie* et que rien n'annonce *sur les registres* qu'elle ait été remise, il est néanmoins constant que le 5 septembre 1792, l'administration du ci-devant district de Tours a adjugé à un sieur Charles-Pierre Dubreuil, au nom et comme commissaire fondé de la procuration du conseil général de la commune de Tours, la ci-devant église Saint-Clément, moyennant la somme de 8 225 fr. — Que s'il s'agissait d'examiner la question de savoir si cette adjudication a pu engager la commune de Tours, il serait facile de démontrer qu'une administration municipale ne pouvant acquérir pour sa commune sans les autorisations prescrites par les lois, la délibération qu'a pu prendre le 16 août 1792 le conseil général de la commune de Tours pour acquérir l'église de Saint-Clément et l'autorisation donnée à cet effet à un commissaire étaient insuffisantes, et que par conséquent, l'acquisition n'étant point légale, ne pourrait être obligatoire. » — Comparez cette délibération avec les pièces authentiques publiées ci-dessus, pp. 61 et s.

rendue à la ville, et, comme celle-ci la possédait en vertu d'une adjudication illégale, elle n'avait qu'à la conserver sans bourse délier[1].

Telle est l'argumentation du conseil municipal de 1817, pour repousser le payement d'un immeuble valablement acquis par la commune de Tours en 1792 : analysons un peu ces raisons au point de vue juridique.

D'abord, est-il bien sûr que les églises paroissiales fussent, avant la Révolution, des propriétés communales ? Les communes n'existaient pas partout et, en Touraine, quelques villes seulement possédaient un corps municipal ; toutes les paroisses, rurales ou urbaines, étaient administrées par un conseil de fabrique, qui, comme nous l'avons vu, joignait à l'entretien du culte les charges de la voirie et du recouvrement des impôts. Mais les fabriques elles-mêmes ne peuvent pas, d'une manière générale, prouver leur droit de propriété sur l'église de leur paroisse, car souvent l'édifice religieux

---

[1] *Archiv. mun.*, *eod. loc* : « Considérant que l'église Saint-Clément n'était pas, comme l'annonce l'adjudication, un domaine ecclésiastique proprement dit, mais, bien au contraire, un édifice qui, avant la Révolution, était destiné à l'exercice du culte catholique, que cette église, en effet, était celle de la paroisse Saint-Clément ; — que les églises paroissiales de cette ville, comme celles de toutes les autres communes étaient des propriétés communales, des édifices consacrés au service divin et à l'usage des habitants ; que la destination d'une grande partie de ces églises paroissiales et l'aliénation des autres n'ont eu lieu que par suite des écarts de la Révolution et contre les droits des communes ; que l'ancien gouvernement forcé lui-même de reconnaître la nécessité du rétablissement de la religion, et voulant en favoriser les moyens, avait prescrit, par plusieurs dispositions législatives, la remise aux communes des édifices qui y étaient anciennement consacrés, que cette restitution était une des conditions du concordat arrêté avec le Saint-Siége le 18 germinal an X ; que tout système de restriction à cet égard a disparu au moment où le souverain légitime des Français a repris les rênes du gouvernement, que cet édifice, s'il avait été conservé comme domaine national, aurait été remis à la commune ; que l'acte d'adjudication, illégal par lui-même par rapport *au défaut d'autorisation suffisante*, n'a rien changé aux droits de propriété de la ville ; considérant enfin que la ville de Tours, qui, d'après l'état de la législation sur la remise aux communes des édifices non aliénés, aurait le droit de réclamer celle de l'église de Saint-Clément, si elle n'était pas en sa possession, ne peut être tenue de payer le prix d'une chose qui lui appartient. »

avait été construit et doté par un riche personnage qui en restait le patron; parfois la fabrique avait reçu des dons et legs d'autres fidèles à charge de certaines fondations, et alors le produit en était employé à la décoration intérieure, de sorte que, si le patron n'était plus seul propriétaire au moment de la Révolution, il en partageait au moins avec la fabrique la copropriété. En aliénant Saint-Clément, comme domaine national, on n'avait donc point lésé la ville de Tours [1].

Plus tard, presque toutes les paroisses rurales étant devenues des communes dans la nouvelle organisation administrative, les églises furent déclarées propriétés communales, afin de ne pas laisser d'immeubles importants entre les mains du clergé; mais cette décision ne s'appliqua pas à toutes les églises antérieures à 1790, elle ne conféra aux communes qu'*un seul* édifice par cure ou succursale. Or, l'église Saint-Clément ne fut point rendue au culte dans la réorganisation des paroisses à la suite du Concordat : son terri-

---

[1] Babeau, *le Village sous l'ancien régime*, 3e édition, p. 120 et s. : la jurisprudence varia beaucoup sur cette question de propriété des églises, et cela se comprend, car les fondations ne provenaient pas partout de la même source. — Pour Saint-Clément en particulier, il est certain que la ville de Tours n'avait aucun droit de propriété sur cette église avant la Révolution : ancienne chapelle d'un hospice, elle se trouvait sous le patronage de l'aumônier de Saint-Martin, qui en était le propriétaire primitif. La reconstruction du xve siècle et les libéralités qui en furent la cause, compliquèrent sans doute la question de propriété : a-t-on donné au patron, a-t-on donné à la fabrique, ou bien a-t-on entendu jouir d'un droit de copatronage ? Tels sont les problèmes que les documents qui nous restent ne permettent pas de résoudre, mais il semble bien que ces libéralités ne s'adressèrent nullement à la ville de Tours. En tout cas, l'aumônier de Saint-Martin resta le seul patron jusqu'à la Révolution ; or, les droits attachés au bénéfice d'aumônier rentrent essentiellement dans la classe des biens nationaux ; cfr. sup., p. 58. — Les conseils municipaux, sous la dénomination d'*assem blées municipales*, ne datent, en Touraine, que du 18 juillet 1787, et ne s'appliquaient qu'aux paroisses rurales : les villes avaient depuis longtemps des municipalités dont le mode de nomination varia beaucoup ; les premiers ne furent qu'un essai trop tôt interrompu et les secondes subsistèrent jusqu'à ce que la Révolution fondit les deux institutions en une seule (Cfr. Faye, *les Assemblées de la généralité de Tours*, pp. 13-14). Tours, Amboise, Chinon, Loches et Beaulieu étaient les seules villes de Touraine qui eussent, avant 1764, un corps de ville; cfr. *Tableau de la province de Touraine*, pp. 76 et s.

toire d'avant la Révolution fut, en grande partie, annexé à la nouvelle paroisse Saint-François-de-Paule, devenue ensuite la paroisse Saint-Julien-Saint-François ; un édifice fut donné à la ville pour cette paroisse et la ville n'avait rien à réclamer de plus [1].

Mais, si le conseil municipal n'était pas fondé dans sa requête et si, d'un autre côté, l'adjudication de 1792 avait été nulle, la fabrique de Saint-François aurait pu, en vertu du décret du 30 mai 1806, revendiquer l'église *supprimée* de Saint-Clément, qui se trouvait dans sa circonscription [2]. Elle n'en fit rien cependant et la ville de Tours continua sa possession, à titre de propriétaire, sans avoir, comme l'exprime la délibération de 1817, cessé « de jouir » de cet édifice « depuis la Révolution, comme halle aux bleds [3]. »

Voilà donc réduits à leur juste valeur les arguments de droit que mettait en avant le conseil municipal. Restent des raisons de sentiment qu'il nous faut répéter, d'autant mieux qu'elles ont produit leur effet.

Certes, « au moment où le Souverain légitime des Français a

[1] Loi du 18 germinal an x (8 avril 1802) art. 75 : « Les édifices anciennement destinés au culte catholique, ACTUELLEMENT *dans les mains de la nation, à raison* D'UN *édifice par cure et par succursale*, seront mis à la disposition des évêques par arrêtés du préfet du département ; » Cfr. Ducrocq, *op. cit.*, t. I. p. 674 ; t. II, p. 552 : l'attribution des églises aux communes et non aux fabriques est controversée, mais semble admise par la jurisprudence et les bons auteurs.

[2] Décret du 30 mai 1806, art. 1 : « Les églises et presbytères qui, par suite de l'organisation ecclésiastique seront supprimés, font partie des biens restitués aux fabriques et sont réunis à celles des cures et succursales *dans l'arrondissement desquelles* ils seront situés (cfr. déc. 31 juillet 1806, art. 1). » Mais, comme ce texte ne s'applique qu'aux édifices non aliénés, la fabrique de Saint-François n'aurait été fondée dans sa réclamation que si l'aliénation de l'église Saint-Clément avait été réellement nulle, ce que nous avons démontré n'être pas Cfr. Dalloz, *op. cit.* vᵒ *Culte*, série chron. des lois ; Ducrocq, *op. et loc. cit.*

[3] *Arch. mun.*, DÉLIB. DE 1817, *loc. cit* : « Considérant que l'église de la ci-devant paroisse de Saint-Clément dont la ville de Tours n'a pas cessé de jouir, savoir : jusqu'au moment de la Révolution, comme édifice consacré au service divin pour la paroisse de ce nom, et depuis la Révolution, comme halle aux bleds... »

repris les rênes du gouvernement, » au moment où « cet évènement mémorable..... *du plus chéri des Rois* a ranimé parmi nous la morale et le rétablissement des principes de justice, et fait cesser toute espèce de doute sur l'exercice des droits de chacun et sur le respect des propriétés, » il ne restait plus qu'à solliciter « de la justice de S. Ex. le ministre des finances la décharge du payement du prix, principal et intérêts, de l'adjudication de la ci-devant église Saint-Clément, » et à recourir, « tant pour cette décharge que pour la conservation à la ville de la propriété de cet édifice, *aux bontés et à la sollicitude paternelle de Sa Majesté* [1]. »

Le conseil fut « également d'avis que provisoirement M. le Maire » obtînt « de M. le Directeur des Domaines une *surséance à toutes poursuites*, fondée sur le pourvoi auprès de l'autorité supérieure contre la réclamation de la régie. »

Avec une telle délibération, enveloppant l'affaire de Saint-Clément des ténèbres les plus épaisses, mais répandant en revanche un parfum royaliste des plus prononcés [2], le gouvernement

---

[1] *Loc. cit.* Ces deux citations ne se suivent pas dans la délibération ; la première vient après celle de la note 1, p. 72, et se trouve elle-même suivie de ces motifs : « Que par une suite naturelle de ces principes de justice, le monarque, en provoquant une loi sur les indemnités à accorder aux communes relativement aux aliénations de leurs biens communaux faites en vertu de la loi du 20 mars 1813, a confirmé les dispositions d'exception qui avaient été faites par cette loi pour tous les édifices publics et autres objets d'utilité et d'agrément, tels que halles, marchés, promenades et emplacements publics. » Il est facile de voir que le décret impérial du 20 mars 1813 est étranger à la question : « Les biens des communes, dit-il, sont cédés à la *caisse d'amortissement*, excepté les biens, pâturages, halles et autres objets dont les habitants jouissent en commun ou qui sont destinés à un service public (Sirey, *Lois et arrêts*, t. XIII, 2e part., p. 368). » A la suite de la seconde partie de la citation, la délibération porte en outre : « Que, dans les suppliques à présenter à cet égard, M. le maire fasse valoir les motifs ci-dessus établis... et particulièrement le besoin que la ville de Tours a de cet édifice, dans lequel est établi la halle aux bleds, et qui est le seul endroit propre à un objet d'une si grande utilité. » — La phrase citée ensuite et demandant un sursis est la dernière.

[2] Pour prouver que la fable du Renard et du Corbeau s'applique à tous les régimes poli-

de Louis XVIII et ses fonctionnaires ne pouvaient qu'accéder aux désirs du conseil municipal. L'Administration des Domaines se montra bien un peu grincheuse [1], néanmoins le préfet l'apaisa par une nouvelle demande de sursis [2], et, le 9 décembre 1822, le maire de Tours reçut avis qu'aucune suite ne serait donnée au re-

tiques, nous reproduirons, à côté de cette délibération royaliste, une lettre contenant une phraséologie révolutionnaire aussi exaltée : nous l'avons trouvée dans la liasse 220, déjà citée (*Archiv. départ.*, BIENS NATIONAUX), sur une petite feuille détachée :

3° DIVISION *Liberté.*   *Tours 29 brumaire an*   *Egalité*
                        7 de la République française

Le receveur du domaine national à Tours
aux membres de l'administration centrale du dép¹ d'Indre-et-Loire.

   Citoyens,
   En réponse à votre circulaire du 25 courant, je voudrais de tout mon cœur pouvoir seconder votre sollicitude républicaine pour l'exécution de la loi du 25 vendémiaire dernier et partager la gloire qui vous est offerte de concourir à la prospérité de la République par la vente des domaines nationaux, en vous présentant l'état de ceux qui restent à vendre dans l'arrondissement de mon bureau, mais je dois vous dire avec regret que je n'en ai pas les moyens.

   (Suit la réponse vraiment administrative.)

   Je me dédommagerai du regret de ne pouvoir, sous ce point de vue, partager vos utiles travaux par un zèle sans bornes à ceux qui me sont confiés.
                    Salut et respect.
                        Millochin

   [1] Deval, *op. cit.* : « Le rapport du conseil n'amena pas encore de solution. Il fallut la loi du 12 mars 1820 qui frappait de forclusion tout compte d'acquéreur non clos avant le 31 décembre 1822, pour provoquer de nouvelles mesures d'exécution. Le 3 décembre 1821, le décompte est définitivement arrêté à 16 487 fr. 86, et est signifié, le même jour, par exploit de Plessis, huissier. — A l'expiration du mois, le dossier fut transmis à la Préfecture, pour obtenir la mise en déchéance ou l'inscription d'office au budget de la commune. Une lettre du 18 mars 1822 rappelle à Monsieur le Préfet la nécessité et l'urgence d'une décision. » Cfr. Dalloz, *op. cit.*, v° *Domaines engagés*, p. 194 (loi des 12-17 mars 1820, art. 3): « A l'égard de ceux qui n'ont point eu jusqu'à présent de quittance pour solde ou dernier terme, il sera procédé dans le plus bref délai par l'Administration des Domaines à leurs décomptes définitifs. — Ces décomptes seront terminés et signifiés avant le 1ᵉʳ janvier 1822. — Ce délai expiré sans qu'il ait été signifié de décompte, tous lesdits acquéreurs seront entièrement libérés de leur prix d'acquisition. »
   [2] Deval, *op cit:* le préfet « répondit le 20 du même mois (mars 1822), qu'il venait de solliciter pour la deuxième fois une décision de Monsieur le ministre des Finances et il demandait un nouveau sursis aux poursuites. »

couvrement du décompte relatif à l'acquisition par la ville de l'église Saint-Clément [1].

Voilà donc comment la municipalité devint propriétaire de la halle au blé : elle l'acheta valablement mais ne la paya jamais, exonérée qu'elle fut du prix par la clémence royale, à la suite de maintes poursuites restées infructueuses.

Cette halle ne suffisait cependant point à loger tous les marchands forains qui viennent au marché de Tours ; aussi, dès 1817, avait-on formé le projet de construire, près de la Loire et de l'ancienne poissonnerie, une poissonnerie et une boucherie nouvelles [2]. Mais tous ces édifices séparés et leurs abords peu faciles ne convenaient point encore au commerce qui se portait dans ce quartier : le conseil municipal s'occupa de nouveau de la question et nomma une commission d'étude.

En décembre 1832 et janvier 1833, le *Journal d'Indre-et-Loire* ouvrit ses colonnes à tous les projets qui furent présentés, et, à la séance du 4 février, M. J.-A. Meffre fit son rapport au conseil, au nom de la commission, sur l'ensemble de ces projets [3].

---

[1] *Archiv. mun.*, CORRESPONDANCES DE 1822, des Domaines à la ville :

DIRECTION DE TOURS   AVIS DONNÉ PAR LA DIRECTION.
6° DIVISION.   —
N° 444.   Tours, le 9 *décembre* 1822,
          Monsieur le Maire,.

J'ai l'honneur de vous prévenir que, sur ma proposition, il a été décidé qu'il n'y a pas lieu de suivre le recouvrement du reliquat du décompte n° 15.380, concernant une acquisition faite le 5 septembre 1792 par la ville de Tours, de l'ancienne église Saint-Clément, et qui a fait l'objet de la délibération du conseil municipal du 11 septembre 1817, dont monsieur votre prédécesseur m'a donné connaissance le 12 du même mois, en m'invitant à surseoir à toutes poursuites.

[2] *Archiv. mun.*, REGISTRE DÉLIB. 1817, f° 168, 169, 170 (séances des 18 juin, 11 et 24 juillet) ; cfr. Dr Giraudet, *op. cit*, t. II, p. 359.

[3] *Bibliothèque municipale de Tours*, fonds Taschereau, liasse 649, plaquette n° 3 ; tout ce qui suit, relativement aux projets de 1833, est puisé dans cette plaquette. Elle contient : 1° *Observations sur le projet de construction d'une nouvelle halle à Tours*, par Fournier, archi-

Percer jusqu'aux fossés Saint-Clément la rue qui avait été ou-
verte sur l'emplacement de la basilique Saint-Martin, tracer à angle
droit une autre rue du Grand-Marché au quai de la Loire, remplacer par un monument les bicoques qui déparaient ce quartier [1] :
telles sont les grandes idées qui se firent jour alors et ne sont exécutées que depuis peu. Il y eut bien quelques propositions extraor-
dinaires, comme celle d'abattre les beaux ormeaux du boulevard
Béranger, depuis la rue Royale jusqu'à Saint-Éloi, pour y installer
le marché aux chevaux, mais la municipalité ne précipita point la
solution et dota peu à peu la ville des rues et places nécessaires au
commerce.

Dès cette époque, on reconnaissait « l'utilité, l'opportunité
d'une halle générale à Tours, qui contiendrait, indépendamment
des blés et des chanvres, les menus grains de toutes espèces, les
légumes secs, une bourse, les boulangers, charcutiers et petits
marchands forains. » Il y avait unanimité sur ce point, mais le
désaccord s'élevait au sujet de l'emplacement.

tecte (son projet n'a point été adopté) ; 2° *projet de construction d'une halle*, par Rouillé-
Courbe : il propose de prolonger la rue Neuve-Saint-Martin jusqu'aux fossés Saint-Clément
et de percer une rue des Boucheries au marché ; 3° *rapport de la commission du conseil municipal*, fait dans la séance du 4 février 1833, *relativement au projet de construction d'une halle
générale à Tours*, par J.-A. Meffre. Ce rapport est assez étendu et nous a fourni les détails
les plus nombreux. — Trois projets principaux étaient en présence : prendre l'emplacement
de la halle dans le pâté de maisons situées au nord de la rue Néricault-Destouches ; la
construire sur la place d'Aumont ou bien l'édifier à l'endroit où nous la voyons aujourd'hui.
La commission trouva ce dernier projet préférable, mais se rallia au second qui était moins
coûteux.

[1] La basilique de Saint-Martin, démolie au commencement de ce siècle, fit place à la rue
Neuve-Saint-Martin, qui ne dépassait pas à l'ouest la rue Julien-Leroy ; elle débouchait sur
la place du Grand-Marché par l'ancienne porte de la Trésorerie que l'on voit encore presqu'en
face de la rue des Trois-Écritoires. Au nord de Saint-Clément existait seulement une ruelle
étroite allant vers la rue des Récollets et nommée rue des Bons-Payeurs. La rue à ouvrir
du Grand-Marché à la Loire est actuellement connue sous le nom de rue Bretonneau. —
Sur la topographie de ce quartier, voir, outre notre plan, l'atlas cadastral de Tours et le
plan qui se trouve dans la plaquette citée du fonds Taschereau.

Une pétition « de M. Bûcheron père, signée de cent-neuf habitants, » appuyait un « projet de M. Nourisson-Rousseau, entrepre-
neur de bâtiments, » qui plaçait « la halle entre le passage Saint-
Clément et le Cirque, » sur un terrain offrant « 7 200 mètres car-
rés et tous les dégagements nécessaires. » La commission du conseil municipal trouva ce projet « préférable » à neuf autres, comptant huit-cent-vingt-sept signatures; mais l'emplacement occupé
maintenant par les marchés couverts comprenait alors un ilot de
quatorze maisons, dont l'acquisition nécessitait une somme d'au
moins 32 5000 francs, et la majorité de la commission recula devant
cette dépense.

Cependant le germe était semé, et, trente ans plus tard, les
deux halles que nous voyons aujourd'hui étaient données à l'adjudication, d'après les plans de M. Guérin et sur le devis principal de
414 050 francs [1]. La ville de Tours allait donc être dotée du monument qu'elle réclamait depuis si longtemps, mais elle allait perdre
du même coup celui qui était un de ses joyaux du xve siècle :
l'église Saint-Clément, au portail si magnifiquement décoré de den-
telles, de festons et de ciselures, était sacrifiée à un édifice en fer et
fonte, d'une architecture sévère et d'une décoration très sobre.

La Société archéologique protesta hautement et chercha à
lancer la municipalité dans une autre voie. « Il serait glorieux, »
disait-elle, « pour le successeur de Briçonnet, pour celui qui a déjà
tant fait pour la grandeur et l'embellissement de notre ville, d'at-

[1] *Archiv. départ.*, Administration de la ville de Tours, 1866, liasse relative aux marchés
couverts. L'adjudication eut lieu au commencement de l'année 1864 et les travaux furent
exécutés pour 404 578 fr. 27 (délibération du 6 novembre 1866). Il faut noter que le devis
de 414 050 fr. ne comprenait que le marché du sud et la moitié environ de celui du nord ;
mais il fut demandé plus tard une somme de 28 483 fr. 94 pour travaux accessoires.

tacher son nom à la restauration d'un édifice élevé par le premier maire de Tours [1]. » Mais cette phrase ne produisit aucun effet et un simple sursis fut seulement accordé pour la démolition de la halle au blé. Comme le plan primitif des marchés couverts s'étendait jusque sur l'emplacement de l'église Saint-Clément, l'administration municipale de 1864, pour la ménager encore quelques moments, ne fit élever qu'une partie du pavillon destiné à la vente des légumes.

Le 15 août 1866, jour de la fête de l'empereur, l'inauguration solennelle de ces marchés figura sur le programme des cérémonies officielles. Le clergé de Saint-Julien se rendit processionnellement jusqu'au passage situé entre les deux halles, et leur bénédiction fut précédée de plusieurs discours. M. Noirmand, adjoint de la ville de Tours, prit place, avec tout le conseil, sur une estrade décorée pour la circonstance, et répéta, « après tant d'autres, » que l'« éminent architecte, M. Guérin, » avait « créé de véritables types en ce genre [2]. »

Cependant Saint-Clément restait encore debout et servait toujours de halle au blé. Il était réservé à l'administration municipale

[1] *Mém. Soc. Arch. Tour.*, t. I, p. 141-146 : « Rapport de la commission chargée de visiter et d'étudier l'ancienne église de Saint-Clément, » avec une lithographie représentant le beau portail du nord.

[2] *Journal d'Indre-et-Loire*, n° du 17 août 1866, p. 1, discours de M. Noirmand : « Depuis longtemps la ville de Tours demandait avec instance l'établissement de marchés couverts ; mais les administrations se succédaient sans pouvoir donner satisfaction aux besoins de la population. — L'administration qui nous a précédés, si vigilante et si dévouée, put enfin réaliser cette grande pensée ; elle confia le soin d'édifier les marchés à son éminent architecte M. Guérin, et je le dis ici, après tant d'autres, il a créé de véritables types en ce genre. » Cfr. *Bull. Soc. Arch.*, t. V, p. 243 : « ... Les marchés couverts en fer et fonte, commencés le 30 mars 1865 et inaugurés le 15 août 1866. Ces marchés ont été publiés dans le *Moniteur des architectes* et ont été copiés dans plusieurs autres villes. Pour les établir, Gustave Guérin avait étudié très-sérieusement l'emploi du fer dans les constructions, et il contribua à propager dans nos contrées l'usage de cette matière dans son application aux édifices. »

de 1883 d'achever l'exécution du plan des marchés couverts [1], et de détruire cette belle église du xve siècle qui faisait l'admiration des étrangers et des artistes. Le sol a été converti en place publique, quelques rares débris d'architecture sont venus enrichir le musée de la Société archéologique [2] et ce monument a été livré à l'éternel

[1] Le principe de l'achèvement des marchés couverts a été voté, avec les fonds nécessaires, le 14 février 1879, mais le plan définitif et le crédit spécial pour l'exécution n'ont été adoptés que le 23 mars 1883 (*Journal d'Indre-et-Loire*, n° des 16-17 avril 1883). L'adjudication des travaux, comprenant en même temps la démolition de l'église Saint-Clément, a eu lieu le 21 juin suivant. (*Arch. mun.*). — Le 6 juin 1885, le maire de Tours a pris un arrêté pour réglementer les droits de « pesage mesurage, et jaugeage... sans le nouveau pavillon des Halles (art. 8). Le droit de pesage est fixé à 0 fr. 03 par 20 kilog. ou fraction de cette quantité pour toutes espèces de marchandises ou de denrées, sauf pour les animaux vivants et le chanvre qui paieront : porcs, par tête, 0 fr. 40 ; veaux, par tête, 0 fr. 25 ; autres animaux de petite boucherie 0 fr. 10... (art. 10). » Cet arrêté est affiché à la porte de la loge du mesureur préposé et assermenté, dans la nouvelle halle au blé. En le lisant, on pense involontairement à la vieille pancarte du trésorier de Saint-Martin, baron de Châteauneuf (*Mém. Soc. Arch.*, t. XXVIII, p. 165), où se trouvaient tarifés les droits sur les bêtes vives et mortes, à pied rond et fourchu ; mais, comme les droits féodaux sont abolis, les bouchers ne sont pas tenus de présenter au maire de Tours le jour de l'Ascension, « un mouton entier, prest et habillé, couvert de fleurs et une pièce de bœuf à la royale, le tout porté par un boucher, tenant à la main un rameau vert, *accompagné d'un ménétrier avec tambourin.* » Les nécessités de la vie sociale se présentent donc les mêmes à toutes les époques : les noms changent selon les opinions des hommes, mais la chose reste, et parfois l'abus !

[2] Le conseil municipal de Tours a manifesté, à plusieurs reprises, l'intérêt qu'il portait à ce vieux monument, et, en décidant sa démolition pour l'achèvement nécessaire des marchés couverts, il en a voté la conservation des parties les plus intéressantes pour l'art et l'archéologie. Aussi nous empressons-nous de reproduire ce qu'ont dit les divers rapporteurs qui se sont occupés de la question. M. Cador, en parlant des grands travaux qu'il était urgent d'exécuter, s'exprimait ainsi, le 14 février 1879, au sujet de la halle au blé : « Il est peut-être fâcheux au point de vue archéologique de détruire cette ancienne église, à cause de son portique, mais il pourrait être démoli avec précaution et reconstruit sur une propriété de la ville. » Le 23 mars 1883, M. le Dr Fournier, actuellement maire de Tours, développa cette idée dans le rapport définitif et la délibération qu'il fit adopter par le conseil. « L'ancienne église Saint-Clément, dit-il, devrait même être tout d'abord abattue... Mais nous avons pensé, comme nos prédécesseurs, que nous ne pourrions laisser tomber ce vieux souvenir du passé, sans accorder satisfaction aux artistes et aux savants archéologues qui attachent quelque prix à ce monument. Nous vous proposerions donc de faire surveiller sa démolition et de mettre de côté tout ce qui peut présenter un caractère architectural et archéologique ayant quelque valeur. — Nous vous recommanderions particulièrement la tribune style Renaissance et le magnifique portail situé au nord de l'église datant du xve siècle ; ce dernier vaudrait absolument la peine d'être conservé et reconstruit sur une

oubli des siècles futurs. Puisse au moins ce volume en conserver le souvenir pour tous ceux qui ont à cœur l'histoire et les glorieuses traditions de la vieille cité de saint Martin!

des propriétés de la ville, et dans ce but nous désignerions spécialement le jardin des prébendes d'Oé, où il trouverait selon nous un endroit très propre à son emplacement (*Journal d'Indre-et-Loire*, n° des 16-17 avril 1883). » Malgré l'adoption de ce rapport, malgré la délibération conforme et malgré le crédit voté, le portail n'a nulle part été reconstruit. Les clefs de voûte seules et deux inscriptions ont été déposées au musée de la Société archéologique.

DESCRIPTION

I

EMPLACEMENT

L'église Saint-Clément a si complètement disparu, qu'on ne nous reprochera sans doute pas de donner en commençant quelques indications topographiques. Du reste, les recherches à ce sujet doivent s'étendre au delà du temps présent et pour bien comprendre le monument, il faut être exactement renseigné sur son milieu d'origine. Certaines particularités, au premier abord, inexplicables, sont en réalité toutes naturelles et la nécessité seule a très souvent engendré ce que l'on se plait à mettre au compte de la fantaisie.

Au moment de sa destruction, Saint-Clément, dont le grand axe se trouve assez bien indiqué par le mur septentrional des *Marchés couverts,* occupait le centre d'une sorte de place irrégulière et, pour la majeure partie, créée depuis peu de temps. Cependant, du côté du midi, nous le savons par les anciens plans, l'existence d'un cimetière éloigna toujours quelque peu les maisons qui se massaient au delà jusqu'à la place d'Aumont, autrefois de la Baguenauderie [1]. Il y avait espace largement ouvert, mais non libre passage. De même, vers le couchant, l'isolement était-il plus fictif que réel, car les maisons en bordure sur la rue dite des Fossés-Saint-Clément, non seulement se rattachaient aux précédentes, mais encore ne laissaient entre elles et la façade qu'un espace étroit et sans issue. C'est le contraire de ce qui avait lieu du côté nord où une double entrée, au fond d'un porche élégant, donnait sur une des voies les plus fréquentées de la ville. Nous ne parlons pas du flanc est qui, par la suppression du fossé dont, jadis, il affleurait le bord, s'était vu à son tour si facilement abordable que, depuis la transformation de l'église en un marché aux grains, on n'avait pas hésité à y ouvrir une large porte.

Déjà il est facile d'entrevoir quelles raisons ont guidé l'architecte dans le choix de toutes les dispositions de son plan. Mais la lumière sur ce point se fera bien mieux encore si, au lieu de borner ses recherches à un état qui ne remontait pas au delà du xviie siècle, on les étend à la période contemporaine de la reconstruction de Saint-Clément, c'est-à-dire aux premières années du règne de Louis XI. Alors, non seulement les murs de Châteauneuf avec le large fossé qui les précédait, existaient toujours du côté de l'est, mais depuis cent ans environ [2], la forte enceinte destinée à mettre enfin la majeure partie de la ville de Tours en état de se défendre contre toute attaque possible des Anglais, était venue, à l'opposé, resserrer singulièrement l'espace dans lequel pouvait se

[1] « Parce que c'était là que se rendaient les badauds et les flâneurs de l'ancien temps » suivant Logeais (Histoire des rues de Tours, 1870, p. 13).

[2] L'enceinte dont la construction fut décidée par les Elus, aussitôt l'établissement du premier gouvernement municipal par le roi Jean, en 1355, fut l'œuvre de plusieurs années. On y travaillait encore en 1376.

mouvoir le quartier Saint-Clément. Après s'être dirigé sur une assez grande longueur à peu près exactement du nord au sud, le

Quartier Saint-Clément au xve siècle

tracé suivi par les ingénieurs, en effet, obliquait de telle façon vers Châteauneuf que les deux enceintes ne tardaient pas à se rejoindre. On obtenait ainsi une partie angulaire dont le développement ne se prêtait guère à toute construction tant soit peu importante.

L'architecte chargé, en 1462, de renouveler à peu près entièrement Saint-Clément [1], était donc loin de pouvoir agir à sa guise. Tout à la fois il lui fallait compter avec un double voisinage, ne

---

[1] Un pan de mur avait seul été conservé, du côté de l'est, à l'extrémité du bas-côté méridional.

pas trop se rapprocher des murs de la ville et laisser libre l'entrée du cimetière. Ces nécessités réduisaient à trente mètres environ la longueur de l'édifice qui, évidemment, eût couvert une surface trop peu considérable si, au lieu d'adopter un plan barlong, on se fût imaginé de faire tracer aux murs la forme d'une croix. De même une abside semi-circulaire n'était-elle pas praticable, car le fossé de Châteauneuf s'opposait à tout ce qui eût fait autre chose que d'affleurer ses bords. Un chevet droit, du reste, offrait l'avantage de donner intérieurement plus d'ampleur à la partie orientale, par conséquent, dans une certaine mesure, de suppléer à l'espace que l'on eût vainement cherché ailleurs.

Nous avons vu que la façade donnait sur une étroite ruelle aboutissant au cimetière. De quelque bonne volonté que fût doué l'architecte, il paraissait bien difficile de placer, suivant les règles, l'entrée principale à l'ouest. Vu les conditions plus favorables où il se trouvait, le nord, dans la circonstance, devait avoir la préférence et rien n'est moins surprenant que l'importance et la richesse données au porche élevé de ce côté. Là, comme partout, dans cet édifice si bien compris, on avait tiré le meilleur parti du terrain sur lequel, pour obéir à d'anciens et respectables souvenirs, on était obligé d'opérer.

II

PLAN

L'église Saint-Clément présentait la forme d'un parallélogramme dont la longueur, dans œuvre, était de 26ᵐ et la largeur de 16^m,50. Si l'on tient compte de l'épaisseur des murs qui est de 0^m,80, ces dimensions se changent extérieurement en 27^m,69 et 18^m,10. Au chevet la saillie des contreforts n'est que de 0^m,40, tandis que sur le côté sud elle atteint 0^m,70. Il en est de même, à l'opposé, pour la partie à gauche du porche, mais à droite, nous arrivons à 1^m,40 et 1^m,90. Ce dernier chiffre s'applique au contrefort posé d'angle, suivant la méthode du xve siècle, et qui devait naturellement offrir plus de résistance puisqu'à lui seul il remplaçait les deux massifs en équerre s'élevant jadis au même endroit. Comme contraste, il est vrai, par une raison que nous expliquerons plus tard, au lieu d'une projection en diagonale, l'angle sud-ouest, présentait un pan coupé, ce qui a nécessité, sur toute la longueur de la première travée, un renfort considérable.

Le porche de l'ouest ne s'avance au dehors que de 2^m,80, tandis que celui du nord a une saillie d'un peu plus de 3^m, si nous faisons attention aux moulures des piédroits. Quant à la largeur, elle est toute à l'avantage du premier qui l'emporte sur le second de 2^m,10 (8^m,20 et 6^m,10). Il fallait bien tenir compte des dimensions de la nef correspondante, et les murs latéraux, en réalité, ne sont, des deux parts, que des contreforts plus proéminents que les autres. Ajoutons qu'une tourelle dont le diamètre est de 2^m,10, se détache également sur la façade. Elle contribuait, avec le mur épaissi qui fait équerre au sud, à rendre encore moins sensible, en un endroit où se produit une poussée oblique, l'absence directe de tout point résistant.

L'église Saint-Clément est divisée en trois nefs par deux rangs de colonnes octogones qui prélèvent sur la largeur 0^m,95 de chaque côté. Il reste alors 6^m,50 pour la nef centrale et 4^m seulement pour l'un et l'autre des collatéraux. Régulièrement la longeur dans œuvre, qui est, nous l'avons dit, de 26ᵐ, devrait être partagée en cinq travées égales. Mais afin d'espacer davantage ses colonnes, de donner par conséquent plus d'air à la partie orientale, l'architecte est arrivé aux combinaisons suivantes qui sont, il faut l'avouer, on ne peut plus ingénieuses. Le mur de fond, au lieu de présenter une ligne droite, se compose d'une série de pans coupés ou plutôt de massifs fuyants qui dissimulent la trop grande projection des demi-colonnes destinées à recevoir la retombée des voûtes. De la sorte, si l'on n'obtenait pas précisément une abside, on donnait au moins plus d'étendue au chœur qui atteignait alors une profondeur de 7ᵐ. Toutefois l'harmonie des voûtes ne se trouvait pas troublée pour cela et la partie ajoutée à la travée proprement dite était séparément couverte au moyen de quatre demi-nervures qui venaient buter contre le mur de fond. La chose, du reste, ne se reproduit pas dans les nefs latérales où, grâce aux pans coupés dont nous avons parlé, l'architecte n'a eu besoin que d'allonger les branches orientales de sa croisée d'ogives. Du moins est-ce ainsi qu'il a agi du côté du nord, car, au midi, nous voyons que dans le but d'atténuer l'irrégularité des triangles de remplissage la voûte se complique de liernes et tiercerons.

A la suite du chœur viennent trois travées qui ont chacune 5ᵐ,40 de développement. Sur une longueur de 26ᵐ il ne restait donc plus que 2ᵐ,80 c'est-à-dire exactement l'espace voulu pour une demi-travée. Mais, si au point de vue pratique, nulle difficulté ne se présentait, l'œil voyait avec peine cette brusque terminaison qui donnait à Saint-Clément l'apparence d'un édifice en formation. Aussi, peu d'années après l'achèvement, eut-on l'idée d'établir une large tribune qui, en occupant toute la demi-travée, l'isolait jusqu'à un certain point et rendait de la sorte moins sensible le raccord nécessité par les autres dispositions.

III

FAÇADE

Dans le but de donner plus de développement à l'édifice, l'architecte s'était rapproché autant que possible du mur d'enceinte. Seulement, comme ce dernier faisait un angle aigu avec la façade qu'il s'agissait dé lui opposer, l'espace dont on avait la disposition se trouvait naturellement moins considérable d'un côté que de l'autre. C'est ce qui explique pourquoi nous avons à gauche un contrefort en diagonale et à droite un pan coupé. Au risque de rendre toute la façade boiteuse, force était bien de prendre le parti auquel on s'est arrêté.

Pour juger sainement les choses, il faut calculer, en effet, non sur un supplément de longueur de $0^m,70$, mais sur une projection en avant de $2^m,60$, ce qui eût supprimé le passage conduisant au cimetière. Aussi, plutôt que d'en arriver là, valait-il mieux faire le sacrifice d'une régularité rendue quelque peu inutile par la difficulté où l'on était d'embrasser d'un coup d'œil l'ensemble de la façade. Car, l'église Saint-Clément, c'est le cas de s'en souvenir, n'a été dégagée qu'à une époque bien rapprochée de nous et le vieux mur du xve siècle, après sa destruction sous Henri IV, avait été remplacé, sur une grande profondeur, par de lourdes maisons qui perpétuèrent l'ancien état [1].

---

[1] Le seul changement constaté sur un plan du xviiie siècle est relatif au cimetière qui avait été transporté du sud au nord.

Il n'en est pas moins vrai, toutefois, que la surélévation du côté droit, en jetant dans la composition une note pittoresque, enlève quelque peu de son importance au manque de symétrie.

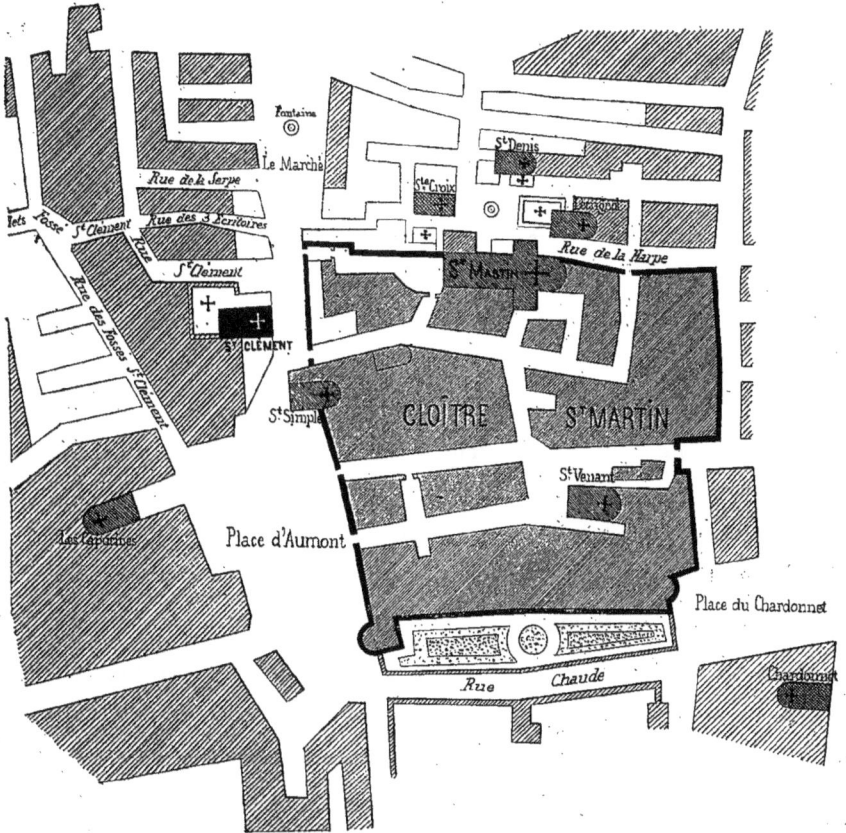

Quartier Saint-Clément en 1751.

Une moulure qui se profile obliquement jusque sur la partie fuyante indique seulement d'une manière idéale l'inclinaison du toit [1] et en

---

[1] A propos de la moulure indiquée nous recommandons de rapprocher la planche I de la planche III. On y verra que cet ornement, tout en s'abaissant suivant une inclinaison régulière, paraît former un angle assez prononcé, ce qui s'explique par la différence des plans et la présence de la partie fuyante.

cela nous reconnaissons bien l'esprit du moyen âge qui se préoccupe avant tout de procéder avec franchise. Le temps n'était pas venu, heureusement, où dans une façade on ne devait voir qu'une sorte de paravent, destiné bien plutôt à cacher un édifice qu'à lui servir de complément.

La planche III, qui est au géométral, indique pour tout l'ensemble une largeur de 20 mètres. Sur ce chiffre 8^m,30 appartiennent à la division centrale ; 6^m,15 à celle de gauche, et 5^m,55 à celle de droite. Quant à la hauteur, elle atteint jusqu'à la base du fleuron qui surmonte le pignon à crochets, 22^m,65. On le voit, si l'architecte eût été libre de ses mouvements, la façade, suivant les règles, se fût trouvée à peu de chose près inscrite dans un carré. Mais, disons-le, il n'y a pas à regretter les difficultés contre lesquelles il a fallu lutter, puisque, de la sorte, nous avons une œuvre infiniment plus curieuse à étudier.

On se rappelle sans doute que, dans le but de permettre l'établissement d'un porche, les contreforts élevés au droit de la séparation des nefs avaient reçu une saillie extraordinaire. Ils ne mesuraient pas moins de 2^m,80 et, naturellement, montaient de fond sur plan rectangulaire tant que la poussée de l'immense arcade en anse de panier avait besoin d'être maintenue. Mais, à peine s'était-on affranchi à son égard de toute sujétion, qu'avait lieu une première retraite de 0^m,60. La terrasse qui surmontait le porche, se trouvait ainsi tant soit peu dégagée à sa partie antérieure et les deux contreforts tendaient à reprendre des proportions plus raisonnables. A cet égard l'amortissement à double pente, qui faisait bientôt après son apparition, jouait un rôle décisif. Avec lui le pilier-butant ordinaire, celui que nous montre l'église Saint-Clément

dans tout son pourtour, avait reçu son complément [1] et rien n'empêchait, à plus d'un mètre en arrière, de planter sur une base
carrée un second contrefort de forme toute différente. Ce dernier
qui se présente d'angle est richement orné sur chacune de ses faces
et pour lui donner plus de stabilité, on a heureusement imaginé de
le surmonter d'un pinacle à double étage. Du moins est-ce ainsi
que nous comprenons l'arrangement de cette partie de l'édifice et
un svelte pyramidion nous semble avoir dû primitivement remplacer l'amortissement écrasé et sans grâce que présente la planche III. D'où il ne s'ensuit pas cependant que le changement soit
moderne, mais frappé sans doute du mauvais effet produit par un
élancement trop considérable, vu surtout le voisinage de la tourelle qui conduit dans les combles, l'architecte se sera douloureu-
sement imposé un sacrifice en prenant ce que nous appellerions un
parti d'attente.

La clef de l'arc en anse de panier qui donne entrée au porche
est à 4^m,30 au-dessus du sol, ce qui paraît bien peu en proportion
avec une largeur de 5^m,70. Mais il faut réfléchir que les points
d'appui étant imposés d'avance, on ne pouvait, sous peine de conserver aux contreforts un développement anormal, songer même à
la moindre surélévation. Tout ce qu'il était possible de tenter avait
fait l'objet de savantes combinaisons et les nervures de la voûte,
dans le but de décrire une courbe moins prononcée, partaient d'un
centre fictif situé à l'intérieur de l'église. Ajoutons que l'emploi
d'une lierne et de deux tiercerons, en permettant, au centre,

---

[1] Les deux glacis, au lieu de suivre la ligne droite comme au centre de la façade, d'ordinaire, se creusent légèrement, ce qui donne au couronnement l'apparence d'un amortis
sement en contre-courbe. En outre la retraite signalée vers le milieu de la hauteur est fort
peu sensible et l'œil se trouve surtout attiré par une forte moulure en biseau.

d'obtenir une horizontalité plus parfaite, contribuait encore au résultat que l'on désirait. Du reste le niveau de la terrasse était indiqué par deux gargouilles conservées aux angles et pour rendre à cette partie de la façade toute sa physionomie, il n'y a eu qu'à rétablir la balustrade après avoir supprimé l'affreuse toiture jetée, nous ne savons à quelle époque, sur une surface destinée, bien évidemment, à demeurer à découvert.

Comme conséquence du peu d'élévation du porche, non seulement la porte qui ouvrait sur la grande nef affectait des proportions restreintes ($3^m,60$ sur $2^m,10$), mais encore sa forme différait singulièrement de celle donnée aux autres ouvertures. Nous sommes en présence d'un arc surbaissé, c'est-à-dire décrit par une demi-ellipse dont le grand diamètre est tourné vers la base. A proprement parler, il n'y avait pas d'autre moyen d'obtenir une longeur raisonnable et l'architecte atténuait autant que possible la disproportion qui existe entre la porte en question et la baie creusée presque immédiatement au-dessus ($5^m,80$ sur 3 , 40). Cette dernière, comme il était naturel, décrivait un arc en tiers-point, et trois meneaux, dont nous avons trouvé.les amorces, établissaient sur une assez grande hauteur une quadruple division, avant de se ramifier, à la partie supérieure, suivant les règles propres au style flamboyant.

C'est également sous la même inspiration qu'ont été conçues les deux fenêtres des bas côtés. Seulement, vu leur peu de largeur ($7^m,10$), il n'y avait pas à multiplier les points d'appui pour faciliter le vitrage et, dans un but d'ornement, l'on s'est contenté de quelques découpures entre les deux portions de cercle qui par leur croisement sont appelées à former un arc aigu.

Au premier abord on est frappé de la hauteur du pignon qui atteint presque 9 mètres, tandis que le mur sur lequel il repose, même en le prolongeant fictivement jusqu'à la rencontre des deux rempants ne saurait dépasser 8^m,60. Mais un pareil élancement était, pour ainsi dire indispensable, car il fallait bien dominer la tourelle avoisinante, qui, de son côté, dépassait 18 mètres. Nous ne parlerons pas de la rose à huit lobes qui se dessine au centre; son rôle était d'éclairer les combles en même temps qu'elle animait une surface trop grande pour être laissée absolument sans décoration.

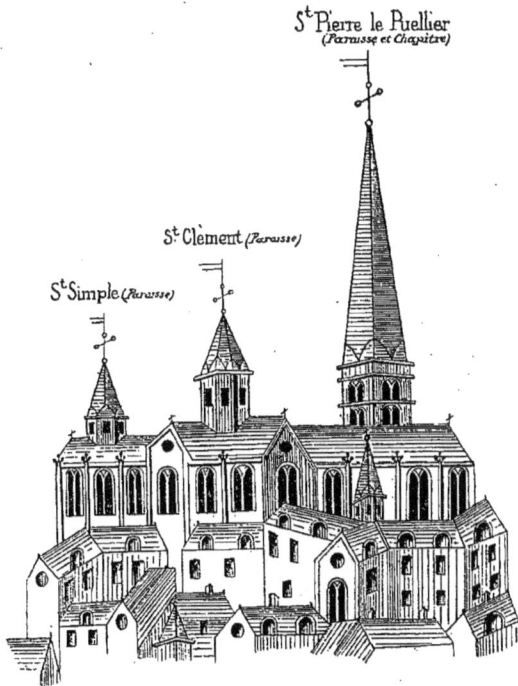

Vue de Saint-Clément en 1755.

Notre planche III, en arrière du pignon, laisse voir un clocher

en charpente revêtu de plomb qui est une restitution de toutes
pièces. Du reste, pour approcher autant que possible de la vérité,
les documents ne faisaient pas défaut. Outre une vue de Tours
au XVIII° siècle qui nous renseigne sur la forme générale, les archives
entrent dans certains détails on ne peut plus précieux à recueillir.
Saint-Clément, lisons-nous dans le procès verbal d'estimation dressé
au moment de l'aliénation de l'édifice, en 1792, « est terminé par
un comble à deux égoûts formant croupe au levant, surmonté
d'un clocher dont le beffroi est en charpente et fer, recouvert en
plomb [1] ». Ailleurs il est question d'un « clocher ou beffroi entièrement construit à jour », en même temps que de « réparation à la
partie qui sert de base aux poteaux revêtus de plomb [2] ».

Bien que la lunette par laquelle passaient les cordes jusqu'en ces
derniers temps fût parfaitement reconnaissable, il a semblé bon
à un moderne historien de faire figurer le clocher non à sa véritable
place, mais au-dessus de la chambre dite du Trésor. « On voit à
droite de la porte de l'ouest, dit M. de Grandmaison, la base du
clocher, qui a été rasé et surmonté d'un toit en bâtière [3] ». Une
pareille erreur ne s'explique que par une singulière distraction, et
nous n'aurions assurément pas pris la peine de la relever si la position de son auteur n'était faite pour illusionner certains lecteurs
inexpérimentés [4].

---

[1] *Biens nationaux*, liasse I, district de Tours, n° 32, art. 11.
[2] *Arch. dép.*, série G, n° 1004 pp. 1 et 3.
[3] *Tours archéologique, histoire et monuments*, 1879, p. 149.
[4] L'emplacement des cloches est marqué en N sur le plan général. On peut voir également
pl. XIII, un dessin de la lunette dont nous avons parlé.

IV

CÔTÉ MÉRIDIONAL

L'architecte, chargé de la construction de Saint-Clément, disposait, semble-t-il, de peu de ressources. Sa grande préoccupation est de trouver quelque moyen économique de résoudre les difficultés qui se présentent. Tout autre, probablement pour combattre la poussée des voûtes, n'aurait pas manqué de jeter en travers de ses collatéraux une série d'arcs-boutants, ce qui eût entraîné une notable surélévation des contreforts. Mais lui, sans tomber dans pareille complication, est arrivé au même résultat. Sur les reins des arcs-doubleaux il a simplement élevé un mur plein et rampant qui, tout en opposant la résistance voulue, n'a pas besoin, de son côté, d'être contrebuté, car il se maintient par son propre poids.

Ce besoin de limiter la dépense s'accordait, du reste, assez bien avec la décoration de certaines parties et, pour donner à l'épais massif formant contrefort continu dont la présence a été expliquée plus haut, un véritable cachet d'élégance, il a suffi, après avoir assez fortement retraité le centre, de simuler sur les côtés des gâbles inégaux. En outre la demi-travée qui termine à l'ouest le collatéral, bien que dans des proportions légèrement fausses, se trouve clairement indiquée et, sur ce point comme sur tout le reste, la plus grande logique a présidé aux dispositions de l'édifice.

A l'appui de ce que nous venons de dire, on pourrait citer encore la simplicité des fenêtres hautes qui toutes, sans exception, sont dépourvues intérieurement de la moindre découpure. Leur forme en tiers-point et leur encadrement en biseau les font ressembler assez aux lancettes du xii° siècle et, prises isolément, il ne serait pas facile de leur assigner une date. Il est vrai que l'architecte s'est rattrapé sur les baies du collatéral qui non seulement sont divisées par un meneau, mais encore développent librement toute la tracerie du temps de Louis XI.

V

CHEVET

Jadis il était bien recommandé, chaque fois que l'on reconstruisait une église, de conserver dans la nouvelle maçonnerie quelques parties des murs anciens. Le culte que nos pères avaient pour la tradition ne permettait pas d'effacer jusqu'au dernier témoin des actes de foi accomplis par plusieurs générations. Il fallait que la chaîne des pieux souvenirs se continuât sans interruption et la liberté dont se réclamaient les artistes s'accordait parfaitement avec un certain respect du passé.

Ce principe établi, il nous est plus facile de comprendre pourquoi au chevet, du côté nord, se voyait un pan de mur qui mêlait des parties moëllonnées à l'appareil du xii° siècle. Son épaisseur était assez considérable pour que, sur 4 mètres environ de hauteur, elle laissât en arrière le contrefort d'angle. Le raccord avait lieu ensuite au moyen d'un glacis assez négligé, car on s'était contenté seulement d'abattre l'angle saillant sans rien toucher à la maçonnerie.

Extérieurement, à l'endroit marqué O sur le plan, il y avait bien la partie inférieure d'une porte qui s'élargissait après quatre assises, absolument comme dans certaines boutiques du moyen âge. Mais le plein-cintre, tracé par notre collaborateur, si nos souvenirs sont exacts, était loin de présenter la netteté qu'on lui donne. Rien n'empêcherait donc qu'au lieu d'une ouverture régulière traversant le mur de part en part, il n'ait existé là une sorte de placard creusé par un indiscret voisin dont la maison se trouvait

Porte simulée dans le mur oriental.

adossée à l'église. Les mutilations de ce genre ont de tout temps été trop fréquentes pour que nous soyons obligé d'insister sur la probabilité d'un pareil fait.

Du reste, il paraîtrait bien étrange que l'on se fût donné la peine de percer une porte parfaitement inutile quand on reculait devant la difficulté de mettre les deux côtés du chevet en harmonie

par l'ouverture d'une large fenêtre. Car, c'est ici le lieu de le faire
remarquer, de tout temps le collatéral nord a eu son extrémité
plongée dans une obscurité relative. Le privilège d'être la partie la
plus vénérable de l'église se payait par une servitude qui ne laissait
peut-être pas de paraître lourde quelquefois, mais dont personne
ne songeait à s'affranchir. Conserver et détruire sont deux termes
qui en aucun cas ne peuvent se trouver réunis ; or que serait-il
resté du pan de mur auquel on attachait tant de prix si dans son
milieu on eût découpé, à 1ᵐ,60 au-dessus du sol, une baie haute
de 4ᵐ et large de 1ᵐ,70 ?

Le moyen âge, jusqu'au milieu du xvᵉ siècle, ne connut guère
pour résister aux poussées obliques que la combinaison de deux
contreforts en équerre. Mais, vers cette époque, on eût l'idée, pour
renforcer les angles, d'élever un seul pilier butant dont les flancs
plus allongés que d'ordinaire étaient tracés suivant la diagonale.
Nous en avons vu un exemple en étudiant la façade, et l'architecte
de Saint-Clément n'ignorait, assurément, aucun des progrès de son
temps. S'il a donc préféré au chevet recourir à l'ancien système,
c'est qu'il n'avait pas la liberté de s'étendre à son aise. Là, comme
partout, le terrain sur lequel on lui demandait d'opérer a eu une
influence considérable sur ses moindres décisions.

Au centre également se retrouve la combinaison des deux contreforts en équerre, grâce au plus grand développement donné à la
saillie rectangulaire servant de point d'appui au mur bas et rampant qui joue le rôle d'arc-boutant. Les parties fuyantes signalées à
l'intérieur de l'église formaient pour cela une assiette suffisante et
et si l'on n'avait rien à craindre du côté de la solidité, la silhouette
ne laissait pas d'être agréable, car les contreforts de l'est, après

deux retraites, arrivaient aux mêmes proportions que ceux du nord et du sud. Enfin tous se prolongeaient au delà de la corniche, et de leur point de jonction s'élançait un pinacle qui détachait sur le ciel ses arêtes à crochets et son fleuron compliqué.

VI

CÔTÉ NORD

Les moyens employés pour arriver à neutraliser la poussée des voûtes ne peuvent guère différer d'un côté à l'autre d'une église. Aussi n'avons-nous à signaler, sous ce rapport, que la plus forte saillie donnée au contrefort avoisinant la façade, à l'ouest. Comme la tribune qui reposait sur un arc en anse de panier, non seulement pesait lourdement sur les deux premières colonnes, mais encore contribuait à augmenter la force d'écartement produite par les hautes voûtes, il fallait bien tâcher de rétablir la stabilité ainsi compromise. Or, en l'absence d'un mur épais et se continuant sur toute la largeur de la travée tel que celui nécessité au sud par un arrangement particulier, le résultat cherché ne pouvait guère être obtenu que de la manière indiquée.

Dans le chapitre relatif à l'emplacement de Saint-Clément, nous avons groupé certains renseignements qui ont suffisamment fait connaître pourquoi l'entrée principale se trouvait du côté nord. Néanmoins l'église, il ne faut pas l'oublier, était loin d'être en bordure sur la rue. Une distance de plusieurs mètres l'en séparait, ce qui avait permis d'établir le long de la dernière travée, à l'est, une sacristie précédée d'une petite cour [1]. La porte qui servait de communication, bien que fort simple, ne manquait pas d'élégance. Une grosse moulure torique, relevée en accolade au-dessus du linteau, la contournait extérieurement.

Du reste, sans ce reculement, l'architecte se fût trouvé dans l'impossibilité de songer même un instant au magnifique porche qui, à lui seul, justifierait la monographie dont nous avons pris l'initiative. Plus que sur la façade il lui fallait de la profondeur, bien que l'ouverture de son arcade, réglée sur la largeur de la travée correspondante, eût forcément deux mètres de moins. Une sorte de pont jeté entre des contreforts ne pouvait convenir en cet endroit, et tout faisait une obligation de ménager un véritable vestibule, aussi propre à dissimuler un disgracieux enfoncement qu'à offrir à l'occasion un lieu d'attente aux fidèles. Ajoutons, comme dernier avantage, que les riches vantaux des deux portes se trouvaient de la sorte protégés contre la pluie et le soleil.

L'élévation dont on pouvait disposer (6 mètres environ), combinée avec la largeur restreinte que nous avons signalée, permettait de recourir à l'arc en tiers-point pour la grande ouverture extérieure. L'architecte, dans la circonstance, a même essayé de se rapprocher quelque peu des meilleures époques du moyen âge. Ses courbes sont tracées au moyen de deux centres assez peu éloignés l'un de l'autre, et vu l'absence de chapiteaux, on eût dit une élégante lancette. Toutefois, dans une certaine mesure, la division entre les piédroits et l'arc proprement dit ne cesse pas de subsister,

---

[1] « Au nord de ladite église est une sacristie et une petite cour au devant, renfermée de murs. » *Biens nationaux, liasse 1, district de Tours, procès-verbaux d'estimation*, n° 32, art. 11.

car tandis que les premiers ont leurs moulures à découvert, le second se cache sous une série de redents formant dentelle.

Du reste, la plus grande richesse règne à la partie supérieure. C'est une broderie ininterrompue dans laquelle se retrouvent tous les caprices de l'ère flamboyante. Quant au gâble dont nous voyons le commencement, après s'être confondu avec la balustrade, il dégageait isolément sa pointe ajourée. Tel est du moins l'arrangement suggéré par la forte moulure qui coupe horizontalement la décoration. Il n'y a pas assez de différence entre les plans pour que, suivant la pratique ordinaire, on ait pu rendre plus tôt le gâble indépendant.

L'extérieur du porche présentait déjà, on le voit, un grand intérêt; mais c'est surtout à l'intérieur que nous allons trouver des observations à faire. Et d'abord pourquoi l'architecte, au lieu de considérer l'espace qu'il s'agissait de voûter comme une demi-travée, par conséquent de buter ses nervures contre le mur de fond, est-il allé chercher de ce côté son point de départ principal? Là où l'on serait tenté de voir une lierne et deux tiercerons réunis autour d'une clef secondaire, il y a en réalité trois portions d'arc, d'une courbe à peu près semblable, qui viennent faire étoile presque au centre du parallélogramme. L'horizontalité n'existe que dans le sens de la largeur, et c'est pour l'obtenir, en même temps que pour dégager les angles du fond, que les autres nervures, après avoir également accompli leur demi-course, se confondent avec la dernière assise des murs latéraux.

Ainsi l'architecte, guidé par un intérêt majeur, a pris dans tous les systèmes. Sa voûte compliquée ne ressemble à rien de ce qui se rencontre ailleurs, et, grâce à une habileté remarquable, il a pu, au-

fond du porche, rendre presque naturelle la double entrée nécessi-
tée par la plus grande affluence des fidèles du côté où l'église se
trouve en contact avec une voie importante. Le pilier qui joue le
rôle de trumeau, avec les nervures auxquelles il sert de support,
est censé placé en avant d'un immense arc surhaussé dont les deux
rangs de claveaux largement moulurés font présager l'approche de
la Renaissance. Puis, à droite et à gauche, le vide ainsi ménagé et
qui donne l'idée d'une grande lancette est heureusement diminué
par une sorte de remplissage. Le linteau de chaque porte, du moins

Détail des portes.

vers le trumeau, s'appuie sur les autres parties du chambranle
plutôt qu'il ne fait corps avec elles, et, pour le reste, nous avons,

en guise de tympan ajouré, les découpures flamboyantes d'une fenêtre véritable, mais incomplète.

Il n'est pas possible d'entrer dans des détails au sujet de l'orne-mentation qui, du reste, affecte tout le caractère de la seconde moitié du xvᵉ siècle. Les nervures n'ont pas seulement perdu l'aspect rectangulaire qu'elles offraient aux belles époques du moyen âge, leurs profils sont encore évidés de manière à tracer un angle tant soit peu aigu. Quant aux niches des piédroits et à celle du trumeau, elles ont leur cul-de-lampe formé par le tailloir commun d'un groupe de colonnettes. De plus, les dais découpés inférieurement en accolade ne sont pas surmontés de pinacles et se terminent par une ligne droite. L'accolade reparaît encore au-dessus du linteau si faiblement échancré des portes et crée là une sorte de fronton richement décoré de feuillages avec écusson au milieu.

VII

INTÉRIEUR

Saint-Clément était divisé en trois nefs par deux rangs de piliers à huit pans. Ainsi que nous l'avons dit plus haut, ces derniers ne se trouvaient pas tous à égale distance les uns des autres. Dans le but de faciliter l'accomplissement des cérémonies, on n'avait pas hésité à développer la travée du chœur. Il est vrai que, par suite de cette disposition, l'espace fit défaut pour une division régulière et, chose dont on ne rencontre peut-être pas ailleurs un exemple, vers l'ouest, existe seulement une demi-travée. Dès lors, pas de sup-ports, de ce côté là, le long du mur; l'absence de retombées a per-mis de dégager entièrement les abords intérieurs de la porte.

Chaque pilier repose sur un socle octogone, comme tout le reste,
et d'une saillie peu considérable. Il y a seulement place pour une
base assez pauvrement moulurée, semblable à un talon renversé
surmonté d'une baguette. Point de chapiteaux, les deux portions de
cercle qui forment archivolte et vont se couper à 6ᵐ,40 au-dessus du
sol, sont la continuation des piédroits. Du reste toute cette partie
inférieure est très simple et l'architecte ne semble avoir visé qu'à
obtenir le plus de dégagement possible.

Dans la nef centrale, des consoles placées à 7ᵐ,75 de hauteur
reçoivent la retombée des différents arcs qui constituent l'ossature
de la voûte. Celle-ci atteint sous clef 12ᵐ,50 et ses doubleaux sont
reliés par une nervure longitudinale. Les bas-côtés, au contraire,
dont l'élévation ne dépasse pas 6ᵐ,50, sauf dans la dernière travée,
au sud, où l'on a fait un essai de liernes et tiercerons, ne présentaient
partout que la simple croisée d'ogives.

A Saint-Clément, comme partout ailleurs, on dût procéder avec
méthode et voûter complètement les collatéraux avant d'entreprendre
de bander des arcs au-dessus de la grande nef. Aussi, pour notre
part, avons-nous peine à nous expliquer comment il se fait que,
dans le bas-côté méridional, la travée marquée D sur le plan, accuse
une date beaucoup plus récente que le reste. La coupe des arcs
ogives, non moins que la décoration de la clef de voûte, ramène
l'esprit aux dernières années du xvᵉ siècle[1]. Nous sommes sous
Louis XII et non plus sous Louis XI : les feuillages se sentent de
l'époque de transition et la Renaissance est proche. En outre les
nervures, au lieu de se croiser sous l'écusson, font cercle autour de

[1] Voir pl. IX.

ce dernier ; le tout est taillé dans la même pierre et nous n'avons pas
là une de ces pièces de rapport, maintenue au moyen d'un goujon
en fer et d'une fourchette à scellement, traversés par une clavette.
D'autres principes ont donc présidé à l'arrangement de cette partie
de l'édifice qui non seulement est postérieure au reste, mais se
recommande d'un nouvel architecte. Très probablement sans que
le souvenir s'en soit conservé, un mouvement se sera produit
dans le bas-côté méridional, quelques années après sa construction, et il aura fallu refaire les travées les plus rapprochées de la
façade.

Ainsi que nous l'avons montré précédemment, Saint-Clément
possédait un clocher dont la place un peu en arrière du pignon,
à l'ouest, se trouvait indiquée intérieurement par une lunette assez
grande, car son diamètre ne mesurait pas moins de 0^m,40. Mais
quelle pouvait être la destination d'une autre ouverture du même
genre et de la même dimension qui se voyait dans la troisième travée,
en avant du chœur ? A côté de la grosse sonnerie dont l'usage s'étendait à toutes les cérémonies du culte, y aurait-il eu une sonnerie
moins importante, utilisée seulement durant la messe au moment
de l'élévation ? Nous ne saurions le dire, bien que l'affirmative semble
très vraisemblable. Du reste, en tout ceci, la seule chose qui mérite
quelque intérêt c'est l'ornementation extérieure de ces deux lunettes,
marquées en K et en N sur le plan. Elle est presque tout entière
obtenue au moyen de la peinture qui, suivant une habitude assez
fréquente au moyen âge, s'étend aux nervures voisines sur une
longueur de 40 à 50 centimètres. Seules quelques fleurs au calice à
peine ouvert, mais traitées avec une fidélité de détails véritablement
remarquable, font saillie au bord inférieur et il en est de même

sur les arcs-doubleaux, en deux endroits de leur intersection avec la nervure longitudinale[1].

Dans une église du xv° siècle on ne pouvait manquer de multiplier les écussons. C'était un moyen d'établir les titres de certaines personnes à la reconnaissance des fidèles, en même temps qu'une note gaie jetée dans l'ornementation. Il est vrai qu'en revanche on se trouvait parfois embarrassé pour entrer, même avec mesure, dans la voie de la peinture décorative, car toutes les couleurs ne peuvent être rapprochées indifféremment, et les lois d'harmonie ont des exigences dont il faut tenir compte. Ainsi le rouge et le jaune, lorsqu'ils sont employés exclusivement, ne nécessitent que quelques traits blancs d'un côté et quelques traits noirs de l'autre ; mais, si à ces deux premières couleurs, on en joint une troisième, le bleu, il faut forcément avoir recours à certains tons intermédiaires tels que le vert, le pourpre et l'orangé. Au premier abord le parti auquel s'est arrêté le décorateur de Saint-Clément semble donc en opposition avec toutes les règles, puisque, autour des lunettes, par exemple, bien que le bleu soit absent, nous retrouvons le vert et le pourpre. Mais la réflexion ne tarde pas à faire comprendre que si l'on a agi de la sorte c'est que, dans le voisinage, à différents entre-croisements de nervures[2], se montrent des écussons où le bleu domine. On ne pouvait faire abstraction de ce qu'on avait sous les yeux, même à une certaine distance, comme c'était le cas dans la circonstance.

Naturellement la surface occupée par le jaune est le double envi-

[1] Voir pl. XIII, le détail marqué O. Sa place était à l'entrée du chœur. Le premier arc-doubleau, à l'ouest, reproduisait la même décoration.

[2] Les écussons sont au nombre de quatre ; l'un qui forme clef de voûte au croisement des nervures de l'avant-dernière travée, et les trois autres aux points indiqués sur le plan par les lettres I, L et M.

ron de celle réservée au rouge; de même que, dans les tons secondaires, plus de place est faite au vert qu'au pourpre. Sur ce point encore il y a des règles d'harmonie que l'on ne saurait enfreindre. Mais rien n'empêche dans chaque couleur d'établir une gamme, et, de fait, nous voyons réunis sur un étroit espace l'ocre rouge, le brun rouge et le rouge vif ou vermillon. Ce dernier est surtout mis à côté du vert qu'il fait valoir. Signalons encore çà et là la présence du blanc en filets plus ou moins larges. Quant à la seconde négation c'est-à-dire le noir ou l'appoint obscur, on n'en trouve nulle trace.

Au point de vue de la composition il y a peu de remarques à faire. La nervure longitudinale qui, dans ses deux gorges, se contente d'un chevronné rouge sur fond jaune donne la note la plus simple. Puis vient la moulure en talon des arcs-doubleaux où figurent tantôt un damier rouge et jaune, tantôt un semis de quatre-feuilles rouges sur fond jaune. A la même place, sur les arcs ogives, autour des lunettes, se succèdent des palmes alternativement rouges et vertes. Cette dernière décoration, la plus riche, se complète encore, sans parler des fleurs en relief indiquées plus haut, par une bordure de fleurs de lis qui se détache sur le fond légèrement bistré des triangles de remplissage,

Par exception les nervures qui se croisent au-dessus du chœur, dans la dernière travée, si elles servent de support à une clef peinte, elles-mêmes n'ont pas reçu de peinture[1]. La raison en est sans doute que l'on voulait laisser toute sa valeur à la figure qui se voyait à cette place et dont les dimensions étaient considérables[2]. Comme fond, du reste, on avait ménagé dans la pierre d'élégantes décou-

---

[1] Voir pl. XII.

[2] 0m,57 sur 0m,46, avec les nuages qui cerclent l'auréole.

pures qui, courant d'une nervure à l'autre et appuyées à un centre, formaient une décoration d'un nouveau genre.

Il ne peut y avoir de doute sur l'intention du sculpteur, et le personnage à mi-corps qui occupe tout le champ de la clef de voûte représente bien le Père éternel. Sa divinité est attestée par le nimbe crucifère et son rang dans la sainte Trinité par une barbe blanche, longue et abondante. S'il porte la tiare, c'est que nul autre insigne, vu son caractère sacré et l'idée de plénitude qui s'y attache lorsqu'il est complété par les trois couronnes [1], ne convenait mieux à celui qui est le roi des rois et le seigneur des seigneurs. De même le globe surmonté de la croix, emblème de la double souveraineté, sur la terre et dans les cieux, se trouve-t-il bien placé dans la main gauche. Le caractère sacerdotal, du moins pour ce qui a rapport à la juridiction suprême, est particulièrement visé par la chape qui couvre les épaules et la bénédiction donnée à la manière latine [2]. Enfin l'auréole cerclée de nuages sur laquelle se détache toute la figure, par sa seule présence, rappelle la majesté de Dieu.

Le jaune tient avec raison une place considérable dans l'enlumi-nure de notre bas-relief. C'était un moyen nouveau de symboliser

---

[1] Primitivement la tiare ne comportait qu'une couronne. La seconde a été ajoutée par Boniface VIII, au xiiie siècle, et la troisième par Benoît XII, au xive. Le sens des trois cou-ronnes semble être indiqué par ces paroles que le cardinal consécrateur, lors du couronne-ment du pape, dit en mettant la tiare sur la tête de ce dernier : *Accipe tiaram tribus coronis ornatam et scias te esse Patrem, Regem et Christi vicarium.* Craïsson dans son *Manuale totius juris canonici* parle de la triple autorité du pape comme *docteur, législateur et juge suprême* Les trois couronnes expriment donc la plénitude de la puissance pontificale, plénitude de science, plénitude de puissance et plénitude de juridiction. A cela on pourrait ajouter que si Boniface VIII, comme la chose est probable, a eu seulement l'idée, en ornant la tiare d'une double couronne, d'exprimer la réunion en sa personne de la souveraineté spirituelle et de la souveraineté temporelle, Benoît XII, en portant à trois le chiffre précédent, loin d'avoir voulu changer la première signification, n'a dû tendre qu'à la fortifier.

[2] Cette bénédiction se donne avec les trois premiers doigts élevés, tandis que les deux derniers demeurent baissés et serrés contre la paume de la main.

la divinité suprême, puisque cette couleur est censée refléter la lumière céleste. Quant au rouge et au bleu on les considère généralement comme les emblêmes de la puissance souveraine ; aussi le Christ qui est le roi du monde est-il toujours représenté avec un manteau rouge et une robe bleue. Nous ne parlons pas de la Vierge ni de quelques saints dont on a voulu indiquer la prééminence morale en employant pour leurs vêtements les mêmes couleurs.

VIII

ARMOIRIES

Guy Bretonneau, dans son *Histoire généalogique de la maison des Briçonnets*[1], dit en parlant de Jean, le plus anciennement connu de la famille : « Les marques de sa libéralité paroissent encore à présent en divers lieux et églises de la ville de Tours, mais surtout sa magnifique piété reluit en celle de Saint-Clément, où ses armes parsemées aux voûtes, vîtres, iubé, portail et frontispice du bâtiment, ioincts à ce les grans biens et revenus dont il la dota, le font reconnaître pour Restaurateur et comme nouveau Fondateur de cette église ; et de faict il en est tenu par traditive pour Titulaire et Patron ; bien que le temps et les troubles nous ayent ravy les tiltres d'une tant célèbre fondation, à laquelle contribuèrent pareillement plusieurs de ses parens du mesme nom[2]. »

Tout ce qui précède peut-il être accepté sans contrôle et l'église Saint-Clément est-elle bien aussi redevable à Jean Briçonnet que

---

[1] Paris, 1620, in-4.
[2] *Op. cit.*, pp. 280-281.

semble l'indiquer notre historien? Ce dernier lui fait honneur même de la tribune, improprement appelée « iubé », dont la construction est très postérieure à sa mort, arrivée en 1493 [1]. Puis il oublie les réflexions contenues dans le chapitre consacré aux armoiries, et qui sont cependant si bonnes à retenir : « Les puinez et cadets de la Maison prennent pour brisure de leurs armes (à la distinction de leurs aisnez) un croissant d'or en poincte, ainsi que le prist Pierre Briçonnet, chevalier de l'ordre [2] et gouverneur du Languedoc, et tous ceux qui ont tiré de luy leur extraction [3]. » D'après cela il est bien évident que les blasons figurés à Saint-Clément, tant sur les vantaux des deux portes que sur plusieurs clefs de voûte, n'ont pu appartenir au chef de la famille, à celui que l'on se plaisait à appeler Jean Briçonnet l'aîné, pour le distinguer de son second frère, dont le prénom était identique au sien [4]. Quant à Pierre Briçonnet, qui semblerait tout d'abord devoir le remplacer, d'autres raisons font une obligation de l'écarter. Son élévation à la première magistrature de la cité n'eut lieu qu'en 1496, c'est-à-dire à une époque où l'église proprement dite était terminée depuis vingt-cinq ans environ. Or, bien qu'on ne l'ait pas remarqué jusqu'ici, les armoiries sculptées ou peintes à Saint-Clément ont pour but de rappeler non la mémoire d'un insigne bienfaiteur, mais celle des maires en fonction à telle ou telle date de la construction. Nous possédons là des documents de la plus haute valeur, et pour se renseigner exacte-

---

[1] D'après son épitaphe, à Sainte-Croix.
[2] Ordre de Saint-Michel, fondé par Louis XI.
[3] *Op. cit.*, p. 293.
[4] Nous pourrions citer beaucoup de cas semblables au XVIᵉ et au XVIIᵉ siècle. L'un des frères avait alors pour patron saint Jean-Baptiste et l'autre saint Jean l'évangéliste

ment, il suffit de savoir comprendre certains rapprochements inten-
tionnels.

Ainsi, par exemple, les doutes qui pouvaient s'élever au sujet
du Briçonnet dont les armoiries nous occupent, se trouvent levés
par la persistance à placer partout dans leur voisinage l'écu authentique de Jean Gallocheau. Ce dernier, en effet, a eu pour prédécesseur à la mairie de Tours Jean Briçonnet le jeune, qui, en sa qualité de puîné, a bien pu le premier adopter pour brisure un croissant
d'argent en pointe. Guy Bretonneau s'est simplement trompé d'une
génération, à moins que la couleur du métal indiqué dans son texte,
or pour argent, ne suffise à lui donner raison. Mais, pour notre
compte, nous sommes d'autant moins porté à penser ainsi, qu'au
sujet de la bande il intervertit sans façon l'ordre des compons. Bien
plus, il attribue à toute la famille une brisure qui n'appartient qu'à
quelques-uns de ses membres et blasonne de la sorte : « *D'azur à
la bande componnée d'or et de gueulles, brisée d'une étoile d'or sur
le premier compon de gueulles, accompagnée d'un autre de mesme
en chef*[1]. » Véritablement on dirait que le bon chanoine n'est jamais
entré dans Saint-Clément, où tous les écussons relatifs aux Briçonnet portent : *D'azur à la bande componnée de gueules et d'or de
cinq pièces, accompagnée d'une étoile d'or en chef et d'un croissant
d'argent en pointe.*

La constatation que nous venons de faire ne présente pas seulement un intérêt héraldique, elle sert encore à déterminer exactement la durée des travaux de Saint-Clément. Commencés en 1462,
du temps de Jean Briçonnet l'aîné, premier maire de Tours, ils

Op.cit., p. 211.

furent terminés dans le courant de l'année 1470, qui vit, au mois d'octobre, Jean Briçonnet le jeune, après avoir exercé à son tour pendant un an la plus haute magistrature municipale, céder la place à Jean Gallocheau. Cet ordre de succession est même indiqué par la manière dont les écussons sont disposés sur les vantaux des portes. Tenant compte de la valeur très différente accordée à la droite et à la gauche, non par rapport au visiteur, mais eu égard au monument, on a fait figurer au premier rang celui énoncé tout à l'heure, tandis qu'au second nous en voyons un autre que l'on peut blasonner : *D'azur, à trois anneaux accolés, 2 et 1 ; les deux du chef soutenant un mât girouetté, en pal, garni de sa voile, le tout d'argent.*

Jusqu'ici nous n'avons pas parlé de l'écu d'alliance qui se voyait à l'une des clefs de voûte. Il n'appartient à aucune des familles dont Guy Bretonneau a dressé la liste [1]. Le savant historien n'a donc pas eu à sa disposition les renseignements dont il avait besoin et l'on comprend si nous sommes empêché de combler ses lacunes. Tout ce qu'il est possible d'entrevoir, c'est que Jean Briçonnet le jeune, après la mort de Catherine de Beaune, sa première femme [2], a dû chercher alliance dans une province voisine, car nous ne connaissons pas en Touraine de maison qui porte : *D'azur, au chevron d'or, accompagné de deux corneilles du même en chef* [3].

La question des brisures, qui est si importante en armoiries, se renouvelle à propos de l'écusson déjà signalé dans le bas-côté

---

[1] *Op. cit.*, pp. 295-296.

[2] « De la maison de ce grand Iacques de Beaulne, superintendant des finances de France et gouverneur de Tourainne, » dit Guy Bretonneau, *op. cit.*, p. 53. Les de Beaune portaient : *De gueules, au chevron d'argent, accompagné de trois besants d'or.*

[3] Nous croyons au moins qu'il s'agit de corneilles, car il est assez difficile de savoir quel oiseau le sculpteur a voulu figurer.

méridional [1]. Quel est celui des deux maires du nom de Ragueneau, Etienne et Jean, dont la personnalité soit affirmée par une *étoile à huit rais* en cœur? Avec le premier, nous sommes en 1482, tandis que le second nous fait descendre jusqu'en 1513. Quelque basse que puisse paraître cette dernière date, elle semble cependant parfaitement d'accord avec le style général de la clef de voûte. Les feuillages semés çà et là, par la manière dont ils sont traités, nous reportent aux dernières années de Louis XII. Entre la réparation ainsi constatée et la construction de la tribune, la corrélation est évidente. L'une a été faite en même temps que l'autre, nous pourrions dire à l'occasion de l'autre. Aussi le point en litige paraît-il définitivement tranché en faveur de Jean, qui portait, nous le savons par là : *D'azur, à une étoile à huit rais d'or, accompagnée de trois melons tigés et feuillés de même* [2].

A proprement parler nous avons épuisé la série des armoiries, car on ne peut donner comme telles la tige de fougère en bourgeon plantée sur un anneau flanqué à sénestre d'un croissant contourné, qui se détache en or sur fond d'azur dans la demi-travée du bas-côté méridional, non plus que la variante du même motif sculptée et peinte à la voûte de la chambre dite du Trésor [3]. Le sculpteur, à qui personne ne disputait deux places aussi mauvaises, a saisi l'occasion de nous laisser de la sorte sa propre marque. Seulement ce qui était facile à comprendre au xvᵉ siècle est pour

---

[1] Voir plus haut, p. 105.

[2] Voir les planches II et IX. Les émaux ne sont pas indiqués, mais il ne peut y avoir de doute que pour l'étoile. Cette dernière, toutefois, devait être d'or comme les melons. Cf. *Armorial des maires de la ville de Tours*, par Lambron de Lignim, 1847, in-4°.

[3] Voir pl. X et XIII. La tige de fougère est remplacée par une sorte de mât bifurqué à sa partie supérieure et chargé d'un sautoir vers le milieu de sa hauteur.

nous aujourd'hui plein d'obscurité. Nous ne savons si l'artiste, comme il semble avoir eu l'intention de le dire, s'appelait bien réellement Fougerays ou Fougères [1]. A ce sujet toute affirmation serait suspecte, et il faut se borner, en émettant une supposition, à éveiller l'attention sur un point important.

Si, relativement au nom du sculpteur, on éprouve quelque embarras, il est bien certain que celui de l'architecte se trouve clairement indiqué par les deux lettres figurées sur un écusson, également placé dans la demi-travée occidentale, du côté du nord [2]. Des travaux récents ont, en effet, révélé l'existence à Tours, au temps de Louis XI, d'un « maître des œuvres de maçonnerie pour le roi », appelé Jehan Gaudin [3]. Il avait succédé dans cette position à son père, Guillaume Gaudin, et l'on ne saurait lui refuser un mérite réel, bien que les œuvres citées jusqu'ici soient absolument insignifiantes [4]. Il est vrai qu'au lieu de regarder autour de soi on s'est contenté de dépouiller les *Comptes municipaux*, qui évidemment ne peuvent tout dire. Grâce à eux nous savons, par le titre qui lui est donné, dans quelle considération était tenu Jehan Gaudin, et c'est déjà beaucoup, car, dans ces conditions, rien ne s'oppose au rapprochement dont nous prenons l'initiative.

Peut-être, il est vrai, pourrait-on observer que dans la ville de Tours il y avait alors un grand nombre d'architectes, par consé-

---

[1] Si l'on entrait dans la voie indiquée, il faudrait, vu la tige en bourgeon, poursuivre l'interprétation et dire Fougerays jeune ou Fougères jeune. Ces noms existaient au xv⁵ siècle en Touraine, ainsi que le démontre l'ouvrage du Dr Giraudet, *les Artistes tourangeaux*, 1885, p. 173.

[2] Voir planche XII.

[3] *Documents inédits pour servir à l'histoire des arts en Touraine*, p. 130. — *Les Artistes tourangeaux*, p. 199.

[4] En dehors de l'inspection des fortifications et des ponts, il n'est question que de l'ouverture d'une poterne « ayant issue sur la rivière de Loire ». *Les Artistes tourangeaux*, loc. cit.

quent que les lettres **I. G.**, maintenues par une chaîne aux deux côtés du signe conventionnel des artistes [1], demeurent sujettes à différentes interprétations. A cela nous répondrons que la liste dressée jusqu'ici comprend déjà une vingtaine de noms [2]; que, sans vouloir la considérer comme close, il n'y a guère espoir d'y apporter un accroissement notable. Or, parmi tous ceux qui se présentent, celui de Gaudin seul commence par la lettre voulue. Il y a donc là une présomption qui pour nous, dans la circonstance, équivaut à une certitude, et nous n'hésitons pas à trancher la question du véritable architecte de Saint-Clément.

Un dernier mot en finissant. Jean Gaudin, au cours de ses travaux, qui, cependant, marchèrent assez rapidement, avait-il éprouvé quelques déboires? Ses projets, en différentes occasions, s'étaient-ils heurtés à des difficultés de plus d'un genre? Nous serions tenté de le croire en voyant autour de l'écusson qui rappelle sa mémoire, les épines mêlées aux roses dans des proportions très significatives. Quoi qu'il en soit, rien de plus gracieux n'existe à Saint-Clément et le sculpteur s'est, en quelque sorte, surpassé dans cet encadrement [3].

[1] Ce signe qu'employaient indifféremment architectes, sculpteurs, peintres-verriers, tapissiers, armuriers, libraires, etc., varie quelquefois dans sa base et dans sa terminaison, mais le sens indiqué reste le même. Cf. *Annales archéologiques*, XVIII, 214-225.

[2] Cf. *Les Artistes tourangeaux*, par le Dr Giraudet. Cet ouvrage donne des renseignements sur les architectes suivants : Michau Carré, Macé Chemin, Simon Chouyn, Louis Ciquart, Jean de Dampmartin, Jean Ducoudray, Lucas et Denis Dupin, Maurice Dupont, Jean Durant, Guillaume Larchevêque, Pierre Mahy, Jean Papin, Guillaume Rameau, Jean Regnault, André Saulnier et Jehan Thibault.

[3] Comme toutes les autres clefs de Saint-Clément, celle qui porte le monogramme de Jean Gaudin se voit aujourd'hui au musée de la Société archéologique. Seulement, les ouvriers chargés de la démolition de la nef septentrionale, n'ont malheureusement pas pris les mêmes précautions que pour le reste de l'édifice. Le gracieux entourage dont nous avons parlé n'existe donc plus et l'écusson est aujourd'hui brisé en deux morceaux.

IX

TRIBUNE

Nous avons dit que la demi-travée par laquelle se terminait l'église, du côté de l'ouest, eût produit un effet désagréable si l'idée n'était venue d'elever en cet endroit une tribune dont la partie antérieure, directement appuyée sur les deux premiers piliers, s'interposait jusqu'à un certain point entre la nef et le mur de fond. Seulement, dès le début, s'était-on occupé de tout préparer pour un semblable correctif ou bien l'honneur en revient-il uniquement à l'architecte qui, au xvi° siècle, fut chargé de compléter l œuvre de Jean Gaudin? Nous ne croyons pas facile d'émettre une opinion à ce sujet, bien que, d'une part, la plus grande épaisseur donnée aux contreforts avoisinants laisse à réfléchir, et que, de l'autre, on n'a pu seulement, quarante ans plus tard, songer à un arrangement si intimement lié au plan primitif.

Par son style, la tribune de Saint-Clément diffère de tout le reste de l'église. C'est la Renaissance dans son épanouissement le plus complet et l'on ne peut mettre qu'au compte de certaines nécessités de construction [1] l'emploi des arcs brisés, à droite et à gauche, vers les collatéraux. Suivant toutes probabilités, nous sommes au milieu du règne de Louis XII et les points de ressem-. blance avec la tour nord de la cathédrale indiquent assez quelle

---

[1] Il s'agissait, autant que possible, en plaçant la naissance de l'arc au même point, d'atteindre une élévation à peu près égale.

part revient encore ici à l'heureuse collaboration des deux frères,

Tribune. — Côté méridional

Martin et Bastien François [1]. L'enthousiasme excité par la première

[1] Ces deux noms sont indiqués par des monogrammes que nul avant nous n'avait remarqués, bien qu'ils fussent gravés en caractères hauts de 0ᵐ,20 environ. Cf. *les Artistes tourangeaux*, p. 178.

œuvre exécutée, à Tours, dans le genre nouveau dut pousser les administrateurs de la fabrique à reprendre un projet momentanément abandonné. Sans doute, ils avaient alors les ressources nécessaires, et dès l'année 1508 les travaux purent commencer dans les conditions les meilleures [1]. Quant au moment où ils furent terminés, nous l'apprendrions par les écussons qu'entoure une couronne de feuillages, si, à l'époque de la Révolution, les destructeurs de signes féodaux ne les avaient étrangement mutilés. Mais tout porte à croire qu'ils étaient semblables à celui dont nous avons parlé à propos de certaine réfection du bas-côté méridional. Nous arrivons donc ainsi à la mairie de Jean Ragueneau, c'est-à-dire à l'année 1513.

Du côté de la nef l'arc en anse de panier qui soutenait la tribune était décoré, sur chacun de ses claveaux, de volutes aboutées servant de support à une palmette. Vers les collatéraux, au contraire, à la même place, nous voyons une feuille de chêne entre deux ornements en forme d'S. De plus la partie immédiatement au-dessus présente, ici, une surface assez considérable, ce qui a permis d'étaler de gras feuillages et des fleurs largement épanouies, tandis que, là, les écoinçons auxquels elle se trouve réduite ne laissent, en dehors de l'espace occupé par les écussons, que des angles peu propres à recevoir une riche décoration. Il n'y a uniformité que dans la balustrade où le même motif composé de dauphins adossés, arrondissant en sens inverse leur longue queue feuillagée, par sa reproduction indéfinie, donne à l'ensemble la gracieuse apparence d'un rinceau continu.

[1] La tour nord de la cathédrale porte l'inscription suivante, dont la véritable lecture diffère quelque peu de celle donnée jusqu'ici : L'AN·MIL·Vᶜ·ET·VII·FVT·FAICT·CE·NOBLE. CLOCHER.

Toutes les parties de la tribune ne sont pas d'égale valeur. Dans les ornements semés sur les arcs et ceux qui remplissent les tympans des petits côtés la sculpture accuse une certaine rudesse. On dirait que l'instrument appelé *bretture* a passé sur chaque détail, laissant derrière lui trace de ses dents multiples. Cet absence de fini et ce manque de délicatesse ne peuvent s'expliquer par le point de vue, car la balustrade qui est placée plus haut est exécutée avec un soin tout particulier. Il faut donc ici reconnaître deux mains différentes et très probablement, dans le second cas, l'ornemaniste dont on avait besoin aura été fourni par le célèbre atelier de la rue des Filles-Dieu [1]. Les François qui vivaient dans l'intimité de Michel Colombe avaient toute facilité pour obtenir le concours le plus profitable à leur œuvre, et c'est ce qui explique, à une date aussi éloignée, l'état d'avancement de la balustrade.

Le grand arc ouvert sur la nef, par sa courbe peu prononcée, ne permettait, en arrière, qu'une voûte presque plate. Or, pour obtenir ce résultat, force était, après avoir divisé en deux une surface beaucoup plus longue que large [2], de multiplier les points d'où pouvaient partir les nervures. On obtenait ainsi, par une heureuse combinaison et grâce à la résistance du cadre, un réseau assez solide pour que, dès lors, on put marcher sans crainte vers l'accomplissement du but proposé.

X

TRÉSOR

La surélévation constatée plus haut, du côté du midi [3], et qui

[1] Aujourd'hui rue Bernard-Palissy.
[2] Voir pl. II.
[3] Voir pl. III.

contribuait pour sa grande part à rendre la façade boiteuse, cachait derrière un mur épais de 0^m,75 [1], une petite salle longue de 4^m,15 sur 2^m,50 de large, dont la destination ne laisse pas d'être assez difficile à déterminer [2]. En effet, vu sa situation, il est permis de songer tout d'abord à un logement pour le sonneur qui se serait ainsi trouvé plus à même d'exercer son métier. Mais, à Saint-Clément, le peu d'importance de l'église ne nécessitait guère pareille atten-tion et, d'ailleurs, n'avons-nous pas vu qu'à la première travée une large lunette donnait toute facilité, sans monter dans les combles, de mettre les cloches en branle. Puis la pièce est bien élégante pour un semblable usage. Les deux travées de voûtes s'élèvent gracieuse-ment à 3^m,50 au-dessus du sol et leurs nervures viennent reposer sur des consoles aux profils énergiques. Si l'on ajoute à cela que l'éclairage se fait seulement par une fenêtre au midi ; qu'à l'opposé se creuse dans le mur une sorte de *sacraire*, il n'y aura plus de doute sur l'objet de nos recherches. C'est le *trésor* qui était situé à cette hauteur, dans un endroit difficilement abordable. Là pouvaient être déposés en toute sécurité, d'un côté, les chartes et les titres, de l'autre, les reliquaires et les pièces d'orfèvrerie. Avant d'atteindre la porte aux fermures ouvragées qui défendait l'entrée du sanctuaire, il fallait forcer celle des cloches, en supposant que déjà on eut pu pénétrer dans l'église. Les précautions étaient donc bien prises et Saint-Clément, sous ce rapport, se trouvait dans les meilleures conditions.

Extérieurement le trésor faisait tout entier saillie au-dessus du

---

[1] Au lieu de 0^m,80 que l'on trouve à la base. La différence vient d'un léger retrait au-dessus de la moulure inclinée simulant le rampant du toit.

[2] Voir planche X.

bas côté où il occupait la largeur de la demi-travée. Sa face méridionale légèrement déjetée sur la droite par le pan coupé dont nous
avons souvent parlé, se dressait en arrière des deux têtes de contreforts émergeant d'un épais massif en cet endroit. Elle-même
présentait plus d'épaisseur sur les angles, de sorte que son unique
fenêtre en tiers-point s'ouvrait dans un enfoncement relatif. Enfin,
un pignon dont la partie inférieure s'élargissait au moyen d'un
double encorbellement, achevait de donner à l'ensemble une physionomie pittoresque. Un fleuron le surmontait et derrière se cachait
un toit en bâtière.

XI

VANTAUX DE PORTE

Jusqu'à la fin du XIVe siècle, même dans les édifices les plus
soignés, les portes étaient fermées par des vantaux d'une grande
simplicité. Tout consistait, pour ainsi dire, dans une membrure
fortement assemblée contre laquelle on appliquait un parquet de
planches. Une œuvre qui appartenait de droit à la menuiserie laissait
à l'art du serrurier la meilleure place et rien en dehors des pièces
de fer, souvent très développées et connues sous le nom de pentures,
ne contribuait à l'ornementation.

Pour décider d'un changement que la raison appelait et remettre chaque chose à sa place, il fallut toute l'importance prise par la
sculpture sur bois à partir du règne de Charles VI. Les vantaux de
porte jusqu'alors réduits au simple rôle de fermetures plus ou moins
solides, devinrent tout à coup des œuvres d'art. Non seulement, à
l'exemple de ce que l'on pratiquait pour les meubles, leur surface
fut divisée en panneaux, mais chacun de ces derniers, évidé à mi-

épaisseur, reproduisait tous les caprices de l'ère flamboyante. Loin de s'arrêter un instant, la richesse ne cessa d'aller en augmentant jusqu'à la fin du xv⁰ siècle, et si la composition présente parfois quelque monotonie, l'exécution atteint une perfection qu'elle n'a jamais retrouvée depuis.

A Saint-Clément les vantaux de la porte occidentale différaient beaucoup de ceux de la porte nord. Avec raison on avait tenu compte de la place occupée. La façade n'étant pas le côté le plus fréquenté, rien n'empêchait de se borner, par là, à étager sur trois rangs des panneaux simplement renforcés dans leur milieu. S'il y a lieu de s'étonner c'est de voir seulement que les deux écussons chargés de rappeler sous quels maires le travail avait été exécuté, ne soient pas dégagés de la masse, mais rapportés après coup et maintenus dans une entaille.

Les menuisiers, comme il était naturel, avaient réservé toute leur habileté pour les vantaux de la porte nord. Nous ne croyons pas nous tromper en disant que le xv⁰ siècle a rarement fait quelque chose d'aussi bien réussi. On ne peut manquer d'admirer surtout l'art avec lequel est graduée la décoration. Au-dessus d'un premier rang de panneaux semblables à ceux de l'ouest, nous en avons un second dont la richesse est déjà très grande. Toute la surface, à partir du tiers de sa hauteur, est évidée de manière à reproduire la capricieuse traceric des fenêtres. Quant à la partie supérieure, elle ajoute encore à cet élément de richesse une série d'arcs en accolades, avec fleurons au sommet et choux-frisés sur les ados.

Le vantail de gauche, celui qui porte les armes de Jean Briçonnet le jeune [1], a ses panneaux régulièrement disposés. Outre les

[1] Voir planche IX.

deux montants de rive, sa membrure se compose de trois montants intermédiaires qui divisent toute la surface dans le sens de la hauteur. Mais, à droite, la nécessité de créer un guichet a détruit l'ordonnance. Pour les deux zones inférieures les montants intermédiaires sont au nombre de quatre et tous, au lieu de traverser l'une des entretoises, viennent buter contre elle [1]. Les lignes verticales ne se suivent donc pas, ce qui paraîtrait choquant, si l'on ne connaissait la raison d'être d'une semblable disposition.

Les montants, quelle que soit leur place, disparaissent en partie sous des contreforts agrémentés de pinacles. Tout à la fois on a voulu ainsi les mettre, au point de vue de la décoration, en harmonie avec le reste et augmenter leur force de résistance. Du reste, pour les mêmes motifs, les entretoises ont été épaissies au moyen de profils saillants. Seule la traverse inférieure est demeurée sans ornements et cette simplicité s'explique par le voisinage du sol, non moins que par celui des panneaux immédiatement supportés.

Ajoutons, ainsi que les deux coupes de la planche IX peuvent le montrer, que, du haut en bas, on a fait usage d'embrévements à grains d'orges pour maintenir, dans l'intérieur du cadre, toutes les pièces du vantail. Sans que la solidité soit compromise, il y a ainsi plus d'élasticité et, partant, la durée de l'ensemble est assurée pour plus longtemps.

XII

CHARPENTE

La charpente de Saint-Clément ne semble pas avoir jamais été remaniée. Elle se compose de six fermes placées à des distances

[1] Voir planche VIII.

inégales et sans égard aux dispositions de la voûte. Comme la largeur
était assez considérable, puisque la toiture embrassait les trois nefs
et que l'on pouvait craindre la flexion de l'entrait, que, d'autre
part, le poinçon, par sa longueur, manquait de la force de suspen-
sion nécessaire, le charpentier avait jugé bon d'établir successivement deux entraits retroussés[1]. L'un d'eux, celui qui avait la plus
grande portée, afin que sa rigidité fût complète, était de son côté
soutenu par des esseliers, de même que des jambettes reportaient,
plus bas, sur l'extrémité intérieure des blochets, la charge des arba-
létriers. En outre, dans le sens de la longueur, des entretoises roidies
elles-mêmes par des contre-fiches empêchent les fermes d'osciller[2].
Tout est donc combiné pour empêcher le moindre gauchissement,
et une charpente établie de la sorte se trouve dans les meilleures
conditions de solidité et de durée.

Bien que l'église Saint-Clément se terminât carrément, il n'y
avait pas deux pignons opposés l'un à l'autre et, du côté de l'est,
on s'était arrangé de manière à former une sorte de croupe, en
donnant une triple pente au toit. A partir de l'endroit, en effet, où
commençait l'inclinaison de la partie centrale, les angles dégagés
n'avaient plus pour couverture qu'une sorte de demi-pyramide dont
le peu d'élevation n'était pas capable de détruire l'effet cherché[3].

XIII

INSCRIPTIONS

Saint-Clément, comme toutes les anciennes églises, dut renfer-
mer jadis un grand nombre de pierres tombales. Mais l'abaissement

[1] Voir planche VI.
[2] Voir planche V.
[3] Voir planche IV.

du sol qui eut lieu peu de temps après sa transformation en halle au blé, n'a laissé subsister aucun de ces monuments. Il faut donc nous résigner à ne donner, en fait d'inscription funéraire, que celle relative à un personnage de très infime condition dont la dépouille, en conséquence, au lieu d'être appelée à franchir le seuil du temple, fut reléguée sous le porche nord. Là, pour conserver son souvenir, comme le passage continuel des fidèles ne permettait pas d'enrichir le pavé d'une dalle gravée, on eut l'heureuse idée d'encastrer dans le mur oriental, à 3 mètres environ de hauteur, une sorte de tablette en pierre de Marnay [1]. En effet, nous n'avons ainsi à déplorer qu'une destruction partielle et c'est le temps seul qui doit en porter la responsabilité. A la longue, sous l'influence de certains agents atmosphériques, la craie micacée s'est délitée çà et là, des mots entiers ont disparu, d'autres ne conservent plus qu'une ou deux lettres. Si l'inscription n'était en vers il serait presque impossible de la reconstituer, tellement la première ligne est mutilée. Le nom du défunt surtout, à la seconde, présente des difficultés. Est-ce « Miraut » qu'il faut lire, ainsi que l'ont prétendu, sur la foi de M. Noriet, tous ceux qui, jusqu'ici, se sont occupés de Saint-Clément [2]? Pour nous le mot commence par un D ; puis viennent un U et un R, ce qui fait DUR. Or, comme la dernière lettre est incontestablement un T, nous ne pouvons, vu l'espace qui précède, mettre en avant un autre nom que DURANT [3]. L'inscription, dans son ensemble, peut dont être restituée ainsi [4] :

---

[1] Commune de Lignières, près de l'embouchure de l'Indre.

[2] Cf. *Mémoires de la Société archéologique de Touraine*, t. I, p. 145.

[3] Le nom dont nous parlons se termine aussi souvent par un T que par un D ; témoin Guillaume Durant, le célèbre auteur du *Rational des divins offices*; Gilles Durant, le jurisconsulte non moins célèbre du XVIᵉ siècle, etc.

[4] Voir planche XIV.

[C]y dev[ant repose] a son ai[se]
[Co]ps Dur[an]t soubs ceste ardai[se]
[S]oneur boulengier e̅ so̅ temps
De saict Martin. la mil. v cens.

On le voit, nos pères en agissaient assez plaisamment avec la
mort, car l'on ne peut mettre sur le compte de la rime la fin du
premier vers. C'est plutôt le mot *aise* qui a fait désigner le calcaire
micacé sous le nom d'*ardaise*, pris pour *ardoise*. Ajoutons pour
terminer que la tablette dont nous venons de parler si longuement,
mesure 0ᵐ,52 sur 0ᵐ,18 ; qu'elle n'était pas placée dans un cadre,
mais affleurait simplement le mur.

A l'intérieur de l'église, les inscriptions relatives à des fondations étaient assez nombreuses. Guy Bretonneau en signale deux en
ces termes : « Tous les vendredis on chante une messe haute, à
ordres, pour le repos de l'âme de Jean Briçonnet et celui de plusieurs
de ses parens du mesme nom, de quoy faict foy le tableau des Obits
et fondations que j'ay veü dans le chœur de Saint-Clément, lequel
marque par articles les prières et les services qui s'y doivent célébrer
tous les iours de la semaine, pour le repos des bien-faicteurs tré-
passez ; où parmy beaucoup d'autres articles, nous y lisons les deux
qui suivent : « Le Vendredy y a Messe haute de nôtre Dame, à
« Ordres, pour les Briçonnets, à la fin d'icelle, un *subvenite*, où
« assisteront les Chapelains, et le Curé fournist de deux cierges ; »
et un peu plus loin : « Le Dimanche y a Complies après Vespres, le
« Salut devant nôtre Dame, et un *subvenite* pour le deffunct Patron
« Briçonnet [1]. »

[1] *Généalogie*, etc., p. 281.

Deux autres inscriptions, sur plaque de cuivre, étaient également placées dans le chœur [1]. L'une, à gauche, relatait que par testament du 5 décembre 1644, un paroissien nommé Christophe Patas avait légué 1350 livres produisant 60 livres de rente, pour une procession du Saint-Sacrement, le dimanche et le jour de l'octave hors l'église, une procession du Saint-Sacrement dans l'église le dernier dimanche de chaque mois, des matines tous les jours de l'octave et deux anniversaires aux dates du 25 avril et du 5 novembre. Quant à l'autre qui faisait pendant à droite, elle rappelait que, par acte passé devant Beaulieu et Fournier, notaires à Tours, le 9 mars 1716, la

Encadrement du xvie siècle.

fabrique s'était engagée à faire célébrer, dans l'avenir et pour le repos de son âme, les 19 et 23 mai de chaque année, une messe au

[1] Archives, G, 1006.

nom d'Yves Pasquier, curé de la paroisse. Ce dernier étant mort
en 1720, une délibération confirmative eut lieu à ce sujet.

Une cinquième inscription se voyait dans le bas-côté méridional,
travée de l'est. Son encadrement qui seul avait survécu à la transformation de l'église rappelait le temps de François Ier. Il consistait
en deux pilastres chargés d'arabesques, posés sur une base formée
de deux consoles feuillagées, vues de profil et opposées, serrant
entre elles un écusson. A la partie supérieure, une corniche et un
fronton semi-circulaire dans lequel figurait peut-être un bas-relief.

Enfin nous savons par le *Décret de Mgr de Conzié* [1] que plusieurs
inscriptions provenant de Sainte-Croix existaient en dernier lieu à
Saint-Clément. L'article 3 du titre VIII s'exprime, en effet, de la
sorte : « Les plaques, inscriptions et épitaphes, sçavoir, celle de la
fondation faite par le sieur et dame Renou, placée en l'église Sainte-
Croix, deux autres plaques de cuivre attachées aux piliers de la
Sainte-Vierge et de Saint-Barthélemi, en ladite église Sainte-Croix,
seront transportées en l'église Saint-Clément. » Il n'est pas question
de l'épitaphe de Jean Briçonnet l'aîné, non plus que de celle de Jean
Berthelot, son beau-père, rapportées tout au long dans Guy Bretonneau [2]. L'une et l'autre étaient placées également dans la chapelle
Saint-Barthélemy, dite des Berthelot.

Dans les premières années du XVIIIe siècle, ainsi que le démon-
trait encore au moment de la destruction une frise courant, de
chaque côté du chœur, à la naissance des voûtes [3], la partie orientale de l'église avait reçu des embellissements conformes au goût du

[1] 22 janvier 1781.
[2] *Op. cit.*, pp. 291-294.
[3] Reproduite en tête du volume.

jour. En particulier la fabrique, poussée sans doute par le curé d'alors, Yves Pasquier, qui mérita de la sorte, pour l'ardeur de son zèle, l'hommage dont il a été question plus haut, s'empressa de faire refaire le grand autel. Nous savons même exactement à quelle date furent commencés les travaux, grâce à une inscription que les fouilles opérées sur l'emplacement de l'église ont rendue à la lumière. Elle est gravée sur pierre épaisse de $0^m,27$, haute de $0^m,65$ et large de $0^m,33$. La voici avec la disposition des lignes et ses abréviations :

†

A LA PLVS GRANDE

GLOIRE DE DIEV

JE Sis [1] LA

Pre PIERRE DE Cte

Al. [2] Pee Pr Mre

PASQVIER . CVRE

DE CETTE Psse [3]

LE IX MARS

1716 EN PRESANCE

DE . Mrs LES . Prs [4]

FABRICIERS

LE FESBVRE

& CHARTIER

& Pss [5] HABITANTS

C·P·P·A·F·P·M·F

[1] Suis. — [2] Autel. — [3] Paroisse. — [4] Procureurs. — [5] Paroissiens.

Nous ne sommes pas en mesure de compléter les noms indiqués, à la dernière ligne, par une simple initiale [1]; mais il importe peu de savoir quels paroissiens de Saint-Clément ont été appelés à l'honneur d'assister le curé et les « fabriciers », le jour où fut posée la première pierre du grand autel.

Avec le temps ce qui avait excité l'enthousiasme et valu à Yves Pasquier un témoignage des plus flatteurs, en était arrivé à présenter un aspect assez misérable. Aussi voyons-nous qu'en 1782 des mesures sont prises pour rajeunir des constructions déjà vieilles de plus d'un demi-siècle. Il existe un contrat par lequel Claude Chardey, doreur, s'engage à « peindre et dorer le tombeau du grand autel, sçavoir tout le fond en couleur gris bluâtre, le soc dudit tombeau en couleur de marbre semblable à celui des pieds d'estaux des colonnes, et toute la sculpture dorée en or bruny et mat, plus le zistel (sic) autour d'un pouce; en outre de peindre en même couleur de gris bluâtre le fond des deux petites crédences qui sont à côté dudit autel, dorer toute la sculpture de même manière que le tombeau, et peindre les tablettes desdistes crédences en couleur de marbre telles que les colonnes dudit autel [2] » Tout cet ouvrage coûta, paraît-il, la somme de cent-soixante-dix livres.

Peu d'années auparavant [3], le curé, du consentement de l'archevêque, avait pris une mesure qui tendait à dégager la nef par la suppression des trois autels de Saint-Roch, Sainte-Anne et Sainte-Marguerite [4]. Des tapisseries que possédait l'église furent même ven-

---

[1] On peut hésiter entre quatre ou huit noms. Cependant le dernier chiffre nous semble plus exact, parce que, nulle part, dans le reste de l'inscription, il n'y a trace de prénoms.

[2] *Archives départementales*, G, 1003, p. 133.

[3] En 1778.

[4] *Archives départementales*, G, 1003, p. 115. Il ne restait plus alors, en dehors u grand autel, que ceux des collatéraux.

dues à cette époque, afin de payer le prix de la chaux destinée à faire disparaître, sous un épais enduit, les fresques qui rappelaient l'ancienne disposition [1]. Seulement en frappant légèrement, surtout dans les derniers temps, il n'était pas difficile, du côté ouest des quatre premiers piliers, en avant du chœur [2], de produire, par partie, des écaïllures qui en tombant laissaient voir les anciennes figures. C'est ainsi que nous avons pu reconnaître, entre autres choses, le martyre de sainte Agathe. L'illustre vierge était représentée au moment où le bourreau, avec des tenailles, lui arrache les seins. Toutes ces peintures, du reste, ne dataient que du commencement du xviiie siècle et leur intérêt était fort médiocre [8].

Pour être complet disons qu'à la voûte se lisait en grands caractères : BERNARD : BOVET : DEALLEVX [4] 1779. C'est le nom de l'ouvrier chargé de blanchir l'église, qui a voulu ainsi perpétuer sa mémoire. Des visiteurs, en outre, ont laissé dans le Trésor trace de leur passage :

A. IAHAN. 1594. — V. HINAVLT. 1599. — I. GAULLIER. 1605. — N. ROYER. 1606. — M. TRABAV. 1607. — p, THIERY, 1654. — F. ROYER. 1654.

---

[1] *Archives départementales*, G, 1003, pp. 55 et 63. Ces tapisseries avaient été données, en 1631, par demoiselle Marguerite Chemin, veuve Élie Goyet. Elles se composaient de huit pièces dont les sujets ne sont malheureusement pas fournis par les documents.

[2] Bien que les documents ne parlent que de trois autels supprimés, il est certain que leur nombre s'élevait à quatre.

[8] Dans le bas côté sud se trouvaient également des traces de peinture. Elles étaient accompagnées d'une inscription dont nous avons pu seulement relever les mots suivants : .....SANGVINIS.....LANCEÆ CVSPIDIS.....FVNIVM FORMAM.....REFERENTE PROD..... Il s'agissait sans doute d'une crucifixion.

[4] Peut-être des Alleux, près Loches.

XIV

CROIX DE CONSÉCRATION

Le Pontifical ne prescrit que douze croix de consécration [1] en l'honneur des douze apôtres regardés, à bon droit, comme le fondement de l'édifice moral dont le Christ est la pierre angulaire. Mais ce chiffre est parfois porté à vingt-quatre, lorsque l'évêque a la liberté de faire extérieurement aussi bien qu'intérieurement le tour de l'édifice. Il n'y a donc pas à s'étonner de voir Saint-Clément, même après un siècle d'abandon et les destructions qui en ont été la conséquence, posséder encore, au moment de la démolition, quatorze croix semblables à celles dont la planche XII donne une reproduction. Seulement la place qu'elles occupaient ne semble pas très régulière, car tandis que, au nord et au sud, il y en avait quatre, l'ouest n'en montrait que deux et l'est naturellement, où tout avait disparu, se trouvait jadis dans le même cas. On n'avait tenu aucun compte de la prescription du Pontifical qui divise également le nombre des croix et en assigne trois à chaque face de l'église [2].

À l'extérieur, sauf en quatre endroits qu'abritaient les porches, la peinture s'était effacée, mais il y a lieu de croire que tout s'était passé de la même façon. Quoi qu'il en soit, on ne saurait présenter un meilleur modèle que celui figuré à Saint-Clément. Entre les bras fleurdelisés d'une croix grecque, se détachent ce que l'on appelle

---

[1] Inungit (pontifex) chrismate cum pollice dextro singulas duodecim cruces in parietibus ecclesiæ depictas.

[2] Depingantur in parietibus ecclesiæ intrinsecus per circuitum duodecim cruces, videlicet tres pro qualibet ex quattuor parietibus.

en langage héraldique des croix fichées et tréflées. Chacune de ces dernières est accostée de deux clous de la Passion, dont le nom s'élève ainsi à huit, contrairement à la tradition. Mais la symétrie en faisait une obligation et nous aurions tort de nous en plaindre, vu la composition tout à la fois élégante et sévère qui est résultée des combinaisons de l'artiste [1].

XV

PISCINE

En fouillant le sol près du premier pilier, à droite, les ouvriers rencontrèrent, à un mètre environ de profondeur, une piscine en bé-

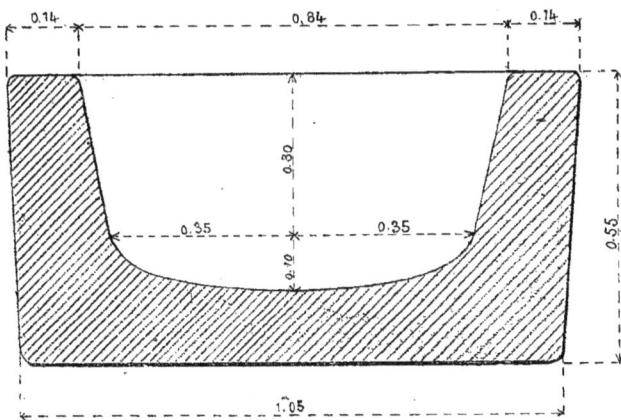

Piscine. — Coupe.

ton, d'aspect assez grossier, qui nous semble avoir servi au baptême

---

[1] On peut comparer la croix que nous donnons avec une du même temps reproduite par Viollet-le-Duc, *Dictionnaire*, etc., t. IV, p. 427. L'avantage est tout entier en faveur de Saint-Clément.

par immersion. Cette manière d'administrer l'un des sacrements les plus importants de l'église fut en usage, on le sait, durant une grande partie du moyen âge. Les catéchumènes, lorsqu'il s'agissait de grandes personnes, n'étaient pas plongés entièrement dans l'eau, mais il

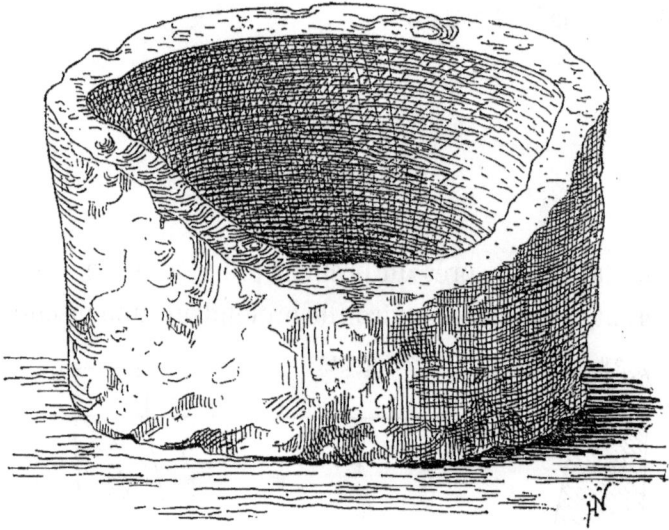

Piscine. — Perspective.

suffisait qu'ils pussent s'y enfoncer jusqu'aux genoux. La profondeur de la piscine variait donc ordinairement de 0^m,30 à 0^m,45 et, ici, nous avons 0^m,40. Quant à la largeur qui est de 0,84, elle ne laisse pas de convenir même à un adulte.

En second lieu, l'enfoncement dans le sol est incontestable, car sans cela on ne s'expliquerait guère la rugosité de l'extérieur. Très probablement cette piscine fut en usage aux premiers temps de la fondation de la paroisse. Puis, peu à peu, le baptême par immersion étant tombé en désuétude, le vénérable monument se vit abandonné, et comme par lui-même il ne présentait aucune valeur, l'architecte, en 1462, loin de songer à le relever de terre, l'enfouit sans façon sous une épaisse couche de graviers. La place où on l'a retrouvé, en 1885, était donc celle qu'il occupait primitivement et cette constatation ajoute à l'intérêt de la découverte.

FIN.

TABLE DES MATIÈRES

Tours, imp. Rouillé-Ladevèze, Deslis frères, successeurs.

ÉGLISE DE SAINT CLÉMENT — 1883.

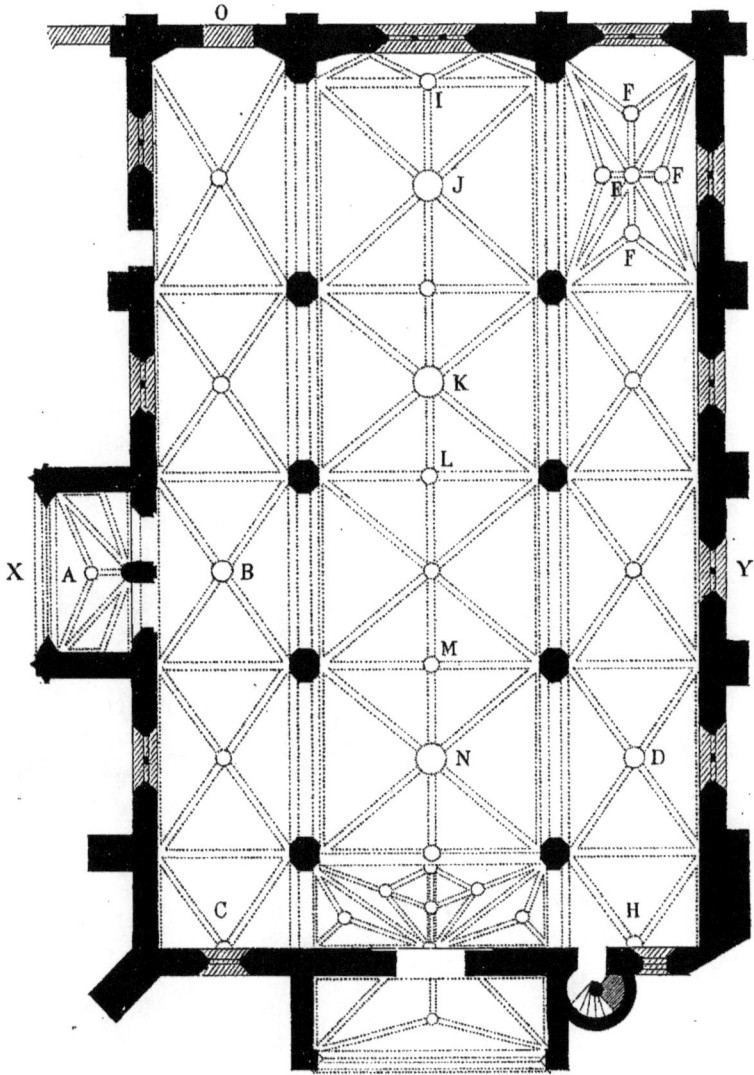

Plan général
Échelle de 0.05 pour mètre

Planche IVbis

Porche Nord

Porte de gauche _ État actuel

Coupe suivant A B

Clef de Voûte D

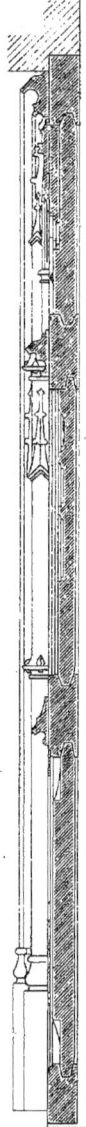

Coupe suivant C D

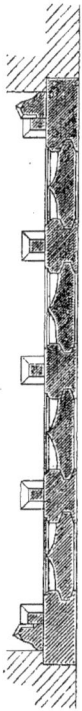

B

C・・D

A

1 mètre
0.50   100.0
0

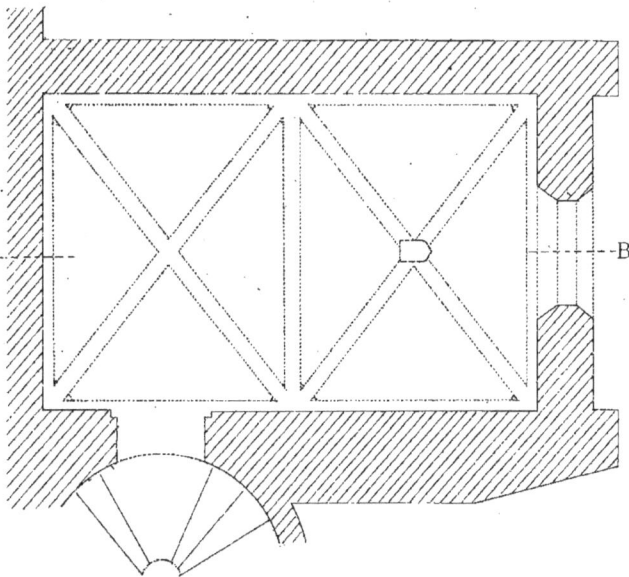

Échelle du plan 0.02 pour mètre

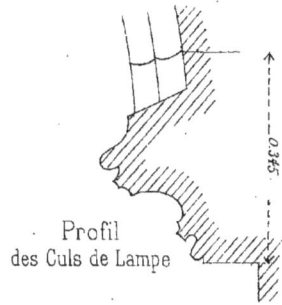

Profil
des Culs de Lampe

Coupe suivant A B

Échelle de 0.03 pour mètre

Nodet, del.

Lith. Ch. Guilland, Tours

Chambre du Trésor

Héliog P Albert Dujardin

TRIBUNE.

C

J

Nodet, del

Lith.Ch.Cuilland,Tours.

Clefs de voûte et croix de consécration.

N

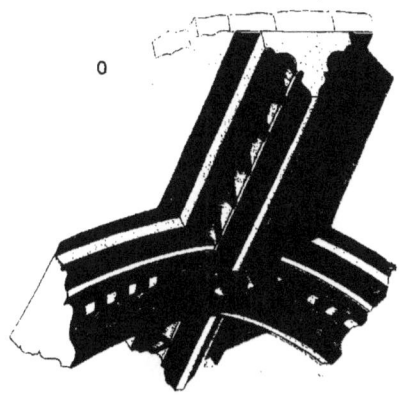

O

M

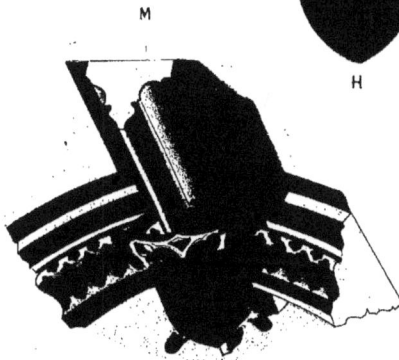

H

Chambre du Trésor

A B I E

M

F L

Clefs de voûte et détail des peintures

INSCRIPTION.

PLAN VISUEL
DE LA
PAROISSE SAINT-CLÉMENT
ET DES
PAROISSES CIRCONVOISINES

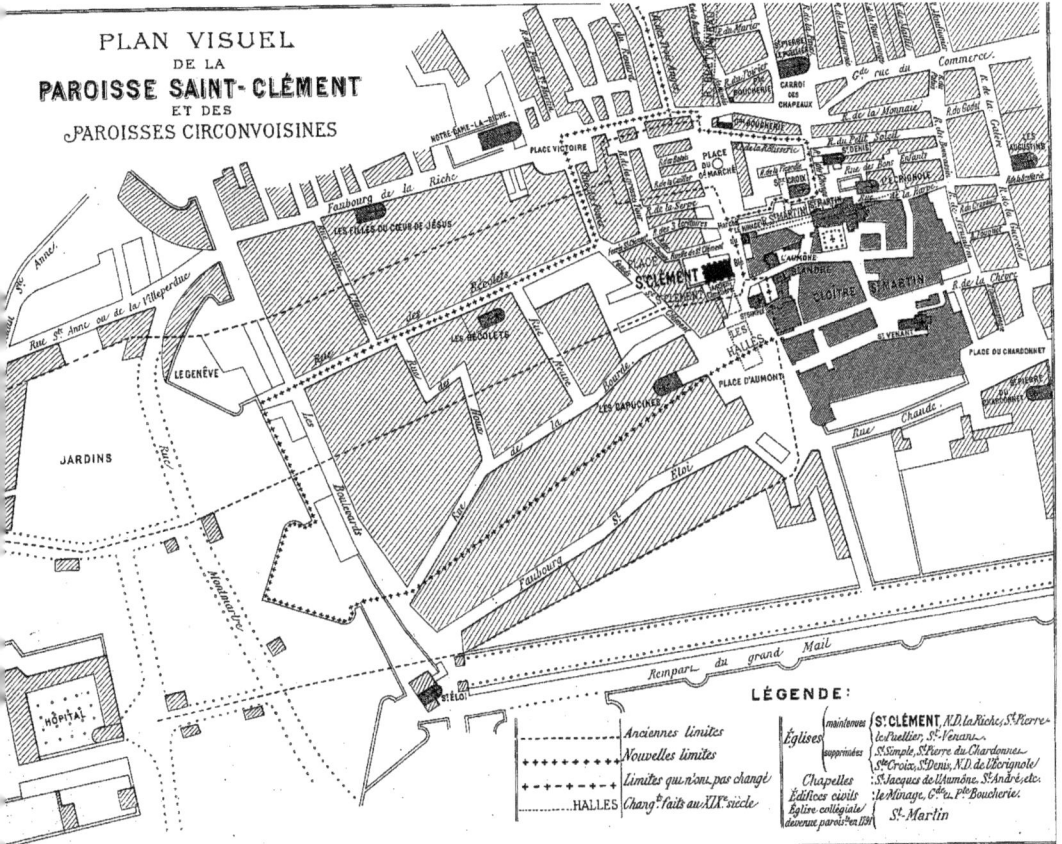

JARDINS

HÔPITAL

LE GENÈVE

St CLÉMENT

CLOÎTRE St MARTIN

PLACE DU CHARDONNET

PLACE D'AUMÔNE

LES HALLES

LES RÉCOLLETS

LES CAPUCINES

LES FILLES DU CŒUR DE JÉSUS

Faubourg de la Riche

HÔTEL DAME-LA-REINE

PLACE VICTOIRE

PLACE DU MARCHÉ

Rue St Anne, ou de la Villeperdue

Rue Ste Anne

CARROI DES CHAPEAUX

Gde rue du Commerce

Rue de la Monnaie

LES AUGUSTINS

L'AUMÔNE

Rue Chaude

Rempart du grand Mail

St ÉLOI

LÉGENDE:

Anciennes limites
Nouvelles limites
Limites qui n'ont pas changé
HALLES — Changt faits au XIXe siècle

Églises { maintenues
supprimées }

Chapelles
Édifices civils
Église collégiale
devenue paroisse en 1791

St CLÉMENT, N.D. la Riche, St Pierre-le-Puellier, St Venant,
Ste Simple, St Pierre du Chardonnet,
Ste Croix, St Denis, N.D. de l'Écrignole,
St Jacques de l'Aumône, St André, etc.
le Minage, Gde rue, Pte Boucherie.

St Martin

PUBLICATIONS DE LA SOCIÉTÉ ARCHÉOLOGIQUE DE TOURAINE

Depuis 1868, la Société archéologique de Touraine publie, outre les *Mémoires* dont la désignation suit, un *Bulletin* contenant un grand nombre de dissertations intéressantes. Il vient d'en être fait une *Table alphabétique* fort complète, rendant les recherches dans ce recueil on ne peut plus faciles. Les principaux articles que l'on y remarque sont : Les anciennes châsses de St-Martin; Compte des ornements du château d'Amboise; Origines de la Renaissance; Ronsard; l'Hôtel-Dieu de Tours; Descartes; l'abbé Bourassé; Azay-le-Rideau; Souterrains de Loches; Simon de Quingey; Documents sur Duguesclin; les Juste et Michel Colombe; Foulques Nerra; les Protestants en Touraine; États généraux de 1651 ; un Baptême royal à Amboise; Alfred de Vigny; Chapelle des Minimes; les Grilles du chœur de la cathédrale; Chartes antérieures à l'an mil; le Tombeau de Saint-Martin; Comptes municipaux de Loches; Gustave Guérin; la Manufacture de soieries de Tours; la Société archéologique et le mouvement intellectuel en Touraine; Doléances du clergé de Touraine; manuscrits volés à la bibliothèque de Tours; Doléances de la noblesse et du tiers état de Touraine aux États généraux; Testament de Seguin d'Authon, etc., etc.

32 fascicules se vendant séparément, le fascicule d'environ 80 pages. . 2 fr.

Notices historiques et archéologiques sur l'abbaye de Marmoutier. — Abbaye de Ferrières. — Prieuré de Saint-Cosme. — HACHES CELTIQUES. — Sur les églises de Sainte-Radégonde, de Cravant, Loches, Candes, Vernou, Sainte-Catherine-de-Fierbois. — Sur les verrières de Notre-Dame-la-Riche et de St Étienne-de-Chigny, etc., etc.; 1 vol. in-8, 282 pages, 3 grav. 10 fr.

Recherches sur les ouvrages de Michel Colombe, avec un fac-similé de son écriture. — MONUMENTS CELTIQUES. — Recherches sur les chroniques de Touraine : Thibaut le Tricheur et Eudes Ier, comtes de Tours. — Charles VIII en Touraine, etc.; in-8 de 347 pages, 12 gravures. 7 fr.

Manuscrits concernant la Touraine, actuellement en Angleterre. — LA TOURAINE EN 1638. — Baronnie de Preuilly : Beaumont-lès-Tours; fief de Bossay, etc.; in-8 de 278 pages. 9 fr.

Entrées solennelles à Loches. — Inondations de la Loire et du Cher, etc.; 1 vol. in-8 de 158 p., 5 grav. 10 fr.

Documents géographiques sur les paroisses de Touraine. — Le château de Chenonceaux, etc.; 1 vol. in-8 de 390 pages, 3 gravures. 10 fr.

PRINCIPAUX OUVRAGES DE M. LÉON PALUSTRE

De Paris à Sybaris. Études artistiques et littéraires sur Rome et l'Italie méridionale (1866-1867); 1 vol. in-8. Paris, Lemerre, 1867.

Album de l'exposition rétrospective de Tours. — 1 vol. in-folio. Tours, Georget, 1873.

Adam, mystère du XII⁰ siècle. — Édition critique, accompagnée d'une traduction; 1 vol. in-8. Paris, Dumoulin, 1877.

Histoire de Guillaume IX dit le Troubadour, duc d'Aquitaine. Premier volume; in-8. Paris, Champion, 1882.

Le Triomphe d'Anne de Montmorency. Miniature du xvi⁰ siècle; in-8. Paris, A. Quantin, 1878.

La Renaissance en France. Première partie : *le Nord*; 2 vol. in-folio, enrichis de nombreuses planches à l'eau forte dans et hors texte. — Deuxième partie : *l'Ouest*; en cours de publication. Paris, A. Quantin.

L'ancienne cathédrale de Rennes, son état au milieu du xviii⁰ siècle, d'après des documents inédits; 1 vol. in-8. Paris, Champion, 1884.

Les sculpteurs français de la Renaissance. Michel Colombe; in-8. Paris, A. Quantin, 1884 (Extrait de la *Gazette des Beaux-Arts*).

Les monuments d'art de la ville du Mans; in-8. Sceaux, Chàraire, 1886 (Extrait de la *Gazette des Beaux-Arts*).

Mélanges d'art et d'archéologie. Première année : *le Trésor de Trèves*; in-4, 30 planches. Paris, A. Picard, 1886. Deuxième année : *Orfèvrerie et Émaillerie limousines*; id., 1887. (Ces deux derniers volumes en collaboration avec Mgr X. Barbier de Montault.)

OUVRAGES DE M. L. LHUILLIER

La Fontaine de Héron et ses applications; grand in-18 avec figures.

La Société archéologique et son influence en Touraine; in-8.

www.ingramcontent.com/pod-product-compliance
Lightning Source LLC
Chambersburg PA
CBHW070417090426
42733CB00009B/1704